中国「三农」问题前沿丛书

农户自主治理
与农产品质量安全

程杰贤　郑少锋　著

Farmers' Self Governance
and The Quality Safety
of Agricultural Products

社会科学文献出版社
SOCIAL SCIENCES ACADEMIC PRESS (CHINA)

目 录
CONTENTS

第一章
导论

一 研究背景

农产品质量安全是关系国计民生的重要问题。农产品质量安全事件的发生，不仅对人们身体健康产生了危害，也在社会上造成了很大的心理恐慌。我国政府正在构建"从田头到餐桌"的全程监管新格局，通过创新监管方式，转变监管理念，改革监管体制，提高保障农产品质量安全能力，确保广大人民群众舌尖上的安全（汪洋，2015）。然而，我国农产品质量安全的源头治理尚处在起步阶段，相关标准和监管制度不完善，特别是在广大的农村地区存在大量空白，几乎无法对分散小规模家户生产进行监督，进而导致他们过量使用农药、化肥以及违规使用激素、添加剂行为屡禁不止（娄博杰，2015），威胁农产品质量安全。

针对这一问题，当前理论研究存在两种观点：一种观点认为，应当强化政府监管，加强农产品质量安全源头监管，建立健全农产品质量安全追溯体系（Liang，2010；韩杨等，2011；刘红岩、李娟，2015）；另一种观点认为，应当完善农产品市场机制，通过构建"龙头企业或合作社 + 农户"生产模式（鄢贞、周洁红，2015），实施农产品供应链管理（Wognum et al.，2011），促进"优质优价"机制的形成。从经济学视角分析，无论政府监管还是市场机制都是具有"中央机构"①特征的"外部治理"方式，强调通过正式制度来约束农户行为，依靠等级严格、强制执行的行为标准进行控制。然而，分散经营的农户是"理性小农"（舒尔茨，2009），具有损失厌恶和追逐利益的"经济人"特征，为实现家庭经济利益最大化，农户依靠家庭经验和自身观察做出的生产行为决策往往是"有限理性的"（韩耀，1995），再加上农户行为的隐蔽性特征，极易诱使其行为决策在"中央机构"治理诉求方面产生逆向选择（徐金海，2007；周开宁、郑少锋，2010），采取不符合中央机构治理要求的行为。因此，立足于我国农产品小规模分散农户生产的现状，突破当前中央机构监管农户生产行为的治理思路，探索从源头保障农产品质量安全的新途径，就显得尤为重要。

奥斯特罗姆（Ostrom，2008）提出的自主治理理论为探索我国农产品质量安全源头治理提供了新思路。根据自主治理理论，农户自主治理能够制定非正式的、更加灵活的制度，依靠组织成员自律和自我控制，实现农户的"内部治理"，有利于消除"信息不对称"，降低治理成本。在农户自主治理过程中，权力不再扮演核心的角色，治理者与被治理者身份合一（罗家德、李智超，2012），这种思路打破了中央机构"堵"的治理对策，创造性地遵循"疏"的原则（钟真、陈淑芬，2014），不再从消费者或监管者的角度提出解决对策，而是关注农业内在发展机制。农产品质量安全源头治理从依赖中央机构监管，转为让农户自行承担农产品质量安全治理的主体责任。那么，农户自主治理究竟能不能保障农产品质量安全呢？鉴于农产品质量安全和其控制行为的紧密关系，研究农户自主治理是否对农产品质量安全控制行为

---

① 这里的中央机构不是指政府机构，而是泛指具有农产品质量安全集中控制性质的各类主体，包括但不限于政府监管部门、农产品供应链中心企业、农业龙头企业，甚至农民专业合作社等。

具有显著影响。如果有显著影响，农户自主治理又是通过何种途径影响农产品质量安全控制行为的呢？为此，本书构建农户自主治理对农产品质量安全及控制行为影响的分析框架，并以陕西猕猴桃种植户为例，对上述问题进行实证检验，最后提出通过农户自主治理从源头确保农产品质量安全的政策建议。

近年来，我国猕猴桃产业发展迅速，已经形成八大猕猴桃特色产区，其中陕西省关中地区被称为"中国猕猴桃之乡"，猕猴桃种植面积和产量约占世界的1/3和全国的1/2。① 然而猕猴桃质量安全问题严峻，特别是膨大剂的使用使得猕猴桃在外观上体积增大，但造成口味、耐藏性明显下降，导致猕猴桃质量安全水平难以提高。猕猴桃质量安全治理的研究已经成为水果产业领域的重要课题，如果农户自主治理能够规范猕猴桃种植户生产行为，提高猕猴桃质量安全水平，对于解决目前优质猕猴桃供给不足、成本过高问题，促进我国猕猴桃产业健康发展具有非常重要的意义。

二　研究目的和意义

（一）研究目的

本书尝试将农户自主治理理论应用在农产品质量安全相关研究上，对农户自主治理影响农产品质量安全及控制行为的机制进行分析。为此，选择陕西猕猴桃种植户为研究对象，基于理论分析并构建计量模型，系统考察猕猴桃种植户形成的农户自主治理在保障猕猴桃质量安全方面发挥的作用。本书具体研究目标可分成以下四点。

---

① 《猕猴桃成为陕西省果业第二大金字招牌》，陕西传媒网，http://www.cnr.cn/sxpd/pp/20180103/t20180103_524085742.shtml，2018年1月3日。

第一，分析农户自主治理影响农产品质量安全及控制行为的机制，并构建实证研究理论框架，为本书的实证研究奠定理论基础。在定义农产品质量安全、农产品质量安全控制行为和农户自主治理概念的基础上，对农户自主治理影响农产品质量安全的机制、农户自主治理影响农产品质量安全控制行为的机制、农户自主治理特征要素影响农产品质量安全控制行为路径的机制进行理论分析，并提出实证研究的理论框架。

第二，构建计量模型分析农户自主治理对农产品质量安全的影响，验证农户自主治理能否提高农产品质量安全水平。基于猕猴桃调研数据，以是否获得"三品一标"认证、等级规格、质量水平[①]以及农药残留情况作为猕猴桃质量安全的代理变量，利用 Biprobit 模型和 Ordered Probit 模型，实证研究农户自主治理是否影响猕猴桃质量安全。同时将合作社或龙头企业、政府示范园作为农户自主治理的比较变量，通过比较不同组织环境对农产品质量安全的影响，有助于准确把握农户自主治理在猕猴桃质量安全方面发挥的作用。

第三，利用倾向得分匹配法（PSM）实证农户自主治理对农产品质量安全控制行为的影响，验证农户自主治理是否有利于规范农户质量安全控制行为。利用猕猴桃调研数据，将猕猴桃质量安全控制行为分成安全控制行为、品质控制行为和农资投入行为，利用倾向得分匹配法，将种植户分成参与农户自主治理组（实验组）和未参与农户自主治理组（控制组），通过比较两组种植户在农产品安全控制行为、品质控制行为和农资投入行为方面的差异，来验证农户自主治理是否影响以及如何影响农户质量安

————————

① 参考钟真等（2016）的研究，从农产品采购商视角对农产品质量安全进行度量。根据调研实践可知，猕猴桃采购商通常将种植户的猕猴桃分成商品果和次品果两类，采购商仅收购商品果，可以认为如果种植户的猕猴桃没有次品果则质量安全水平较高，如果有次品果则质量安全水平较低。

全控制行为。

第四，利用结构方程模型（SEM）实证农户自主治理特征要素影响农产品质量安全控制行为的路径，探索农户自主治理影响农产品质量安全控制行为的关键因素。结合猕猴桃调研数据，以猕猴桃安全控制行为和品质控制行为为因变量，以农户自主治理特征要素（集体规范、信任关系和监督机制）为自变量，构建结构方程模型，分析农户自主治理特征要素影响猕猴桃质量安全控制行为的路径。

（二）研究意义

本研究既是对理论应用领域的新探索，也是对解决现实问题方法的新尝试，展望本研究的理论意义和现实应用前景，笔者相信，本书的最终完成无论对农户自主治理理论研究的丰富，还是对我国农产品质量安全的源头治理，都具有一定的理论指导意义和现实应用价值。具体而言，研究结果的理论意义和现实意义如下。

第一，在理论意义上，本研究拓展了奥斯特罗姆开创的农户自主治理理论，开创性地将这一套理论应用于农产品质量安全相关研究当中，以理性的农户为基本分析单位，采用实证方法讨论了农户自主治理影响农产品质量安全及控制行为的作用机制。本研究所发展的保障农产品质量安全的农户自主治理思路，丰富了奥斯特罗姆的自主治理的一般理论。将农户自主治理理论应用于农产品质量安全研究中，扩展了理论的使用范围和研究视角，更重要的是，它为农产品质量安全治理提供了一个可行的框架，提出了保障农产品质量安全的新思路。

第二，在现实意义上，政府和制度设计者可以应用本研究提供的分析视角和研究结论，来制定和设计农产品质量安全源头治理对策和方案。目前，我国政府非常重视农产品质量安全，但出台的相关政策局限于指导性制度设计方面，对于农产品质量安全源头治理手段和措施的研究尚处于探索阶段，而如何激励农户承担农产品质量安全保障主体责任，并分享农产品质量安全溢价收益，应当是指引我国制定相关措施的具体方向。因此，本研究关注农户自主治理对农产品质量安全的影响及作用路径，较系统地研究并科学构建农产品质量安全源头治理框架，对保障我国农产品质量安全具有积极的意义。

三 国内外研究动态

本研究主要对农户自主治理影响农产品质量安全机制进行分析，重点关注农户自主治理是否影响农产品质量安全、是否影响农产品质量安全控制行为，以及农户自主治理特征要素影响农产品质量安全控制行为的路径。因此，对国内外研究动态回顾和梳理的目的是：第一，厘清农户自主治理理论整体发展脉络，重点关注农户自主治理理论应用领域和治理效果的文献，为应用农户自主治理提供理论支持；第二，梳理农产品质量安全相关文献，关注参与农产品质量安全治理的各类主体，以及引导和规范农户行为所面临的困境，为农户自主治理影响农产品质量安全寻找理论支撑；第三，归纳农产品质量安全控制行为相关研究，一方面关注不同主体（特别是农户和农民经济组织）对农产品质量安全控制行为的影响研究，另一方面关注农户自主治理特征要素，诸如集体规范、信任关系和监督机制，对农产品质量安全控制行为影响路径的分析，为农户自主治理是否影响农产品质量安全控制行为及路径分析奠定理论基础。

（一）国外研究动态

1. 农产品质量安全

国外学者普遍认为买卖双方广泛存在的信息不对称是造成农

产品质量安全问题的根本原因，由于农产品兼具信用品和经验品的特点，消费者几乎无法借助感官因素评价农产品质量安全水平，所以，需要第三方采用合适的"信息制度"来保障农产品质量安全（Turan，2005）。相较于政府干预，国外学者更重视市场机制对农产品质量安全的积极意义，不同学者从不同视角分析了农产品交易契约机制、农产品供应链管理机制及农产品可追溯体系在保障农产品质量安全过程中发挥的作用。

（1）农产品交易契约机制

不少学者注意到农产品交易契约对保障农产品质量安全的积极作用。鉴于农产品交易契约通常具有农产品质量安全相关条款，通过契约销售往往有利于保障农产品质量安全，以美国为例，有39%的农场借助契约进行生产销售，而在巴西有超过75%的家禽实现订单生产，甚至越南也有超过90%的棉花生产依赖契约进行买卖（Key and Macdonald，2006）。有研究表明，农产品交易契约是保障泰国甜椒质量安全的有效手段，通常情况下，农产品交易契约与交易方式密切相关（Schipmann and Qaim，2011），精心设计的农产品交易契约能够降低买卖双方的道德风险和减少逆向选择行为，从而有利于农产品质量安全持续改善（Marjariitta and Ronni，2008）。也有学者讨论了交易契约影响农产品质量安全机制（Kuwornu et al.，2009），提出一个三级委托代理模型，以荷兰马铃薯交易契约为例的研究发现，农产品交易契约能够协调交易主体行为，如果农产品交易契约以激励农产品中间商为目标，则农产品销售渠道成本将显著下降，但对农产品生产者没有显著影响。事实上，农产品生产者保障农产品质量安全的动力源于优质农产品可能带来的收益，在"优质优价"情况下，农产品生产者具有提高农产品质量安全的动力（Hovelaque et al.，2009）。

（2）农产品供应链管理机制

农产品供应链是将农产品田头生产和消费者餐桌消费联系起

来的组织系统，该组织系统中的生产者、采购商、批发商、零售商和消费者均因为农产品交易而相互联系，成为相互依赖的利益共同体，有效组织运营的农产品供应链能够保障农产品质量安全（Matopoulos et al.，2007）。有学者构建了小规模农产品生产者参与农产品供应链的投资回报的经济模型，通过比较小规模农产品生产者参与不同类型农产品供应链的经济回报，提出借助适宜的农产品供应链，小规模农产品生产者能够降低农产品生产销售成本，缓解经济压力，有利于保障农产品质量安全水平的观点（Wognum et al.，2011）；对于越南果蔬市场的研究发现，"超市 + 农产品加工企业 + 农户"是最适宜小规模农产品生产者（农户）的农产品供应链组织模式，能够有效改善超市供应农产品质量安全情况，迎合消费者需求变化，满足社会公众的食品安全需求（Moustier et al.，2010）。然而，农产品供应链中生产经营者的选择是基于复杂情况考虑的，通常农产品质量安全是最次要因素，而农产品价格和交货期才是农产品供应链选择的最重要考虑因素，而这种关注次序可能是造成农产品质量安全问题的重要原因（Voss et al.，2009）。为此，有学者对农产品供应链业务流程进行深入考察，提出农产品供应链应当适应新的形势，采纳电子商务模型，通过整合农产品所有业务流程，创新农产品供应链，进行环境友好生产，关注农产品质量安全，为社会公众提供优质安全的农产品（Wognum et al.，2011）。还有学者注意到基于农产品供应链建设农产品可追溯体系，可以加强农产品供应链各主体合作关系，从而有利于农产品质量安全的保障（Rábade and Alfaro，2006）。

（3）农产品可追溯体系

农产品可追溯体系能够降低农产品消费者和生产者之间的信息不对称程度，能够实现激励生产者提供优质安全农产品，由于可追溯体系拥有完整的农产品生产交易信息，如果其发现质量安全问题，可以迅速识别造成该问题的供应链环节，找出问题原因并立刻制止，从而将农产品质量安全问题损失降到最低，能够实现农产品"从田头到餐桌"质量安全控制（Liang，2010）。目前，农产品可追溯体系建设是欧美国家保障农产品质量安全的重要手段，以美国为例，有学者通过研究生鲜农产品可追溯体系发现，政府干预有利于农产品可追溯体系建设，而农产品生产经营者参与可追溯体系付出成本与获得收益持平，能够促进农产品质量安全状况改善，提高农产品可追溯体系效果（Golan et al.，2004）。有学者对农产品可追溯体系建设原则进行研究，发现如果从生产环节、流通环节和销售环节来看，农产品可追溯体系与农产品供应链十分相似，在农产品可追溯体系的不同阶段，相关数据生产、收集和保存是确保高效可追溯体系的关键（Ioannis and Basil，2009），而鉴定、登记和拟定数据是可追溯体系的基本操作（Verdenius et al.，2006）。此外，也有学者对农产品可追溯体系相关技术进行了讨论，比如 FMECA 技术（Bertolini et al.，2006）、RFID 技术（Kelepouris et al.，2013）、CTP 方法（Rong and Grunow，2010）以及 QMS 技术（Mosher et al.，2008）等一定程度上能够提高农产品可追溯体系效果。

2. 农户自主治理

哈丁"公地悲剧"模型（Hardin，1968）、道威斯"囚徒困境"模型（Dawes，1973）以及奥尔森"集体行动的逻辑"（奥尔森，1995）是对个人面对集体利益时采取行动策略的描述，集体收益责任分配的不确定性，将导致"搭便车"行为泛滥，最终集体收益荡然无存。为纠正个体"搭便车"行为，政府干预和市场机制被视为"二选一"的治理途径，奥斯特罗姆教授对此提出疑问，并通过大量案例研究，提出"农户自主治理"理论，认为集体成员通过"农户自主治理"能够纠正"搭便车"行为，从而有利于集体利益和个人利益的实现（Ostrom，1996）。

有学者对农户自主治理的制度规则进行分析，详细阐述了借助自我激励实现自觉行为的作用路径（Sabatier and Weible，2007）；也有学者讨论了社会资本、社会网络、社会结构、信任合作、经济因素、道德因素以及公平感因素对农户自主治理的积极意义（Grossman and Hart，1986；Pargal et al.，2012），对社会资本进一步的研究表明，如果内部社会资本较多，外部社会资本较少，社区自主组织则更加稳定（Shrestha，2013），社会资本通过对自主组织形成及维护的影响，在保护生态系统的长期过程中起到非常重要的作用（Brondizio et al.，2009）。另外，有学者将社会资本细化成社会资本收益和社会资本系数两个变量，通过构建博弈模型，讨论了上述变量对农户自主治理的影响（青木昌彦、周黎安，2001）。还有学者从集体行动治理模式视角对农户自主治理进行分析，认为与政府干预"自上而下"的模式不同，农户自主治理是"自下而上"的模式，本质而言，无方法优劣之分，仅是适合与不适合的问题，尤其是在集体利益具有外生性制度约束的情况下，农户自主治理这种内生性制度安排，往往容易导致冲突而不易被采纳（Vollan et al.，2013）。

不少学者采取案例分析方法对森林资源和渔业资源农户自主治理可行性进行分析，对于阐述农户自主治理理论以及拓展农户自主治理理论应用领域具有积极价值。Kumar（2002）以政府管制的森林资源为比较基础，提出农户自主治理对森林资源退化有显著遏制作用，并指出农户自主治理并未显著改变集体收益分配的不确定性。Naidu（2005）认为个体异质性对森林资源能够成功实施农户自主治理具有积极价值。Agrawal（2005）提出政府干预的减少以及农户自主治理的出现显著促进了森林资源持续发展，能够有效避免森林资源的过度开发。也有学者对渔业资源农户自主治理进行研究，提出集体责任感、农户自主治理规模以及政府下放管理权对渔业资源农户自主治理成功具有重要影响

（Furger，2010；Townsend and Shotton，2008）。还有学者提出对渔业资源农户自主治理成功影响最大的因素是"治理广度"，影响最小的因素是"治理规模"（Colincastillo and Woodward，2015）。

（二）国内研究动态

1. 农产品质量安全

国内学者一般认为，农产品质量安全问题是农产品生产者（农户）和消费者有关农产品质量安全的"信息不对称"导致的。具体而言，政府、农产品供应链主体和农户之间的信息不对称是造成农产品"市场失灵"和"政府失灵"的主要原因，也是导致农产品质量安全问题的根源。基于这种认识，本部分从政府规制、农产品供应链以及农产品生产者（农户）三个方面进行综述。

（1）政府规制是保障农产品质量安全的必要手段

政府规制是弥补市场失灵的必要手段，有研究表明，政府规制对于纠正农产品市场失灵具有重要作用，通过对农户实施的规范性、激励性、服务性多重规制政策，直接或通过嵌入市场环境和农户收益，促发了农户的安全生产行为，政府主导的"政府作为－社会支持－公共价值"的协同治理，以及政府强大的规制力度和源头控制的着力点是规范农户行为的重要途径（刘红岩、李娟，2015）。政府出台的农药使用政策，实施的农产品安全监管措施，制定的农药使用标准以及推行的新药使用补贴等政府规制行为对引导农户农药使用决策、重视农药安全间隔期以及关注农药残留具有积极作用（王建华等，2015）。

在我国，各级政府倾向于通过制定农产品质量安全标准，建立健全法律体系，完善监管体制，推广"三品一标"认证以及实施全产业链追溯体系等政策法规，并借助正式的制度安排，实施规制，保障农产品质量安全（周德翼、杨海娟，2002），然而，政府往往难以建立完备的质量安全管制体系，对农产品生产经营主体行为实施有效监督管理（王瑜、应瑞瑶，2008），进而造成政府规制陷入低效率循环。为此，我国政府希望构建"从田头到餐桌"的全程监管新格局，通过创新监管方式，转变监管理念，改革监管体制，提高保障农产品质量安全的能力（汪洋，2015）。如果新型监管格局能够降低政府规制成本，增加农产品生产经营者的违法违规成本，并降低其预期收益，那么就能够降低农产品质量安全的信息不对称程度（徐金海，2007），从而有利于农产品质量安全水平的提升。特别的，我国政府主导的农产品可追溯体系建设，通过构建农产品供应链全程质量安全信息追踪系统，有利于降低买卖双方的信息不对称程度，促进农产品优质优价体系的建立，实现保障农产品质量安全的治理目标（王蕾、王锋，2009）。研究发现，基于农产品供应链纵向一体化构建的可追溯体系是保障农产品质量安全的理想模型，农民专业合作社和农业生产大户是可追溯体系的最佳合作者（韩杨等，2011）。

（2）农产品供应链是保障农产品质量安全的重要途径

农产品供应链包括农产品生产、采购、加工、批发以及零售环节的所有主体，通过整合各环节优势资源，引进农产品生产管理技术，依靠全供应链协作，能够实现农产品质量安全信息共享，降低买卖双方信息不对称程度，"从田头到餐桌"保障农产品质量安全（许益亮等，2013）。从经济学视角来看，农产品供应链包含生产模式和交易模式，在控制相关外部变量的情况下，农产品生产模式显著影响农产品品质，而农产品安全属性受交易模式的显著影响（钟真、孔祥智，2012）。一般而言，农产品供应链的核心主体对保障农产品质量安全作用明显，在"龙头企业＋农户""超市＋农户"等组织模式中，龙头企业或超市借助契约实现规模化生产，提高农产品供应链纵向一体化程度，通过协同合作，促进农产品质量安全水平提高（彭建仿、杨爽，

2011；汪普庆等，2015）。有研究发现，农产品供应链核心主体保障农产品质量安全的意愿受到供应链信息共享程度、消费者需求、政府规制和媒体监督力量的显著影响（张蓓、林家宝，2014）。以奶站为例，政府监管体系不完善，奶制品企业风险偏好的变化，以及鲜奶检测成本的持续走高，都不利于农产品质量安全水平的提高（孔祥智、钟真，2009）。

（3）农产品生产者（农户）是保障农产品质量安全的关键主体

基于我国农产品分散家户生产的基本特征，不少学者注意到农民专业合作社保障农产品质量安全的积极意义。农民专业合作社能够承担保障农产品质量安全的主体责任，将分散的农户组织起来，有利于改变买卖双方对农产品质量安全的预期，促进"优质优价"机制的形成，从而促进农产品质量安全水平的提升（顾莉丽、郭庆海，2015）。进一步的，农民专业合作社扩大了农产品规模化生产，促使合作社采取产品自检方式保障农产品质量安全水平（鄢贞、周洁红，2015）。农民专业合作社成员相互熟悉，可以组织成员相互监督，能够形成较强的行为约束机制（高锁平、裴红罗，2011）。在合作社成员间共享农产品生产行为信息，激励成员农户采纳质量安全控制行为，有利于合作社"优质"农产品信誉的形成（欧阳琦、石岿然，2012），尤其是农民专业合作社提供的经济奖励，能够激励农户自觉增强对农产品质量的认知，促进农户更多采纳农产品质量安全控制行为（费威，2013）。因此，农民专业合作社能够引导成员农户采取规范化、标准化生产行为，克服机会主义行为倾向，有利于农产品质量安全状况的持续改善（王庆、柯珍堂，2010）。

综上所述，大量研究对农产品质量安全问题进行了多角度讨论，但多数研究期望政府部门、供应链主体、龙头企业，甚至农民专业合作社等具有"中央机构"性质的主体，能够提高市场准入标准、加大抽检和惩罚力度等措施来保障农产品质量安全。这些措施通常基于消费者和监管部门的视角，将治理者和被治理者关系对立起来，让"权力"作为核心角色，强制被治理者接受监管，未能突破"堵"的思路，也非"疏"的原则，往往见效快，失效也快（钟真、孔祥智，2013）。事实上，"外部"监管并非农产品质量安全问题源头治理的唯一手段，农业、农村和农民"内部"发展机制也非常重要，本书更加赞同农产品生产者（农户）能够实施质量控制行为，进而保障农产品质量安全的观点。

2. 农产品质量安全控制行为

不少学者注意到农户实施的质量安全控制行为对农产品质量安全具有积极意义，并对农户质量安全控制行为影响因素进行了讨论。有学者认为我国农民已经具有必要的安全食品知识和安全生产意识（卫龙宝、王恒彦，2005）。周洁红（2006）最早使用农产品质量安全控制行为的概念，提出农产品质量安全控制行为具体包括化肥控制行为、农药控制行为和采后处理控制行为三个方面。随后的研究可以分成三条思路：一是将农户视为独立市场主体，研究农户采纳质量安全控制行为的影响因素；二是将农户视为经济合作社成员，研究农户采纳质量安全控制行为的影响因素；三是讨论农产品质量安全相关技术采纳行为。

（1）将农户视为独立市场主体的相关研究

学者对独立农户质量安全控制的影响分析集中在农户质量安全控制行为原因和认知、农户个体及家庭因素的影响、政府等外部约束因素的影响三个方面，分述如下。

第一，在农户质量安全控制行为原因和认知方面。农产品规模经济性和质量安全规模不经济的特性是农户较少采取质量安全控制行为的根源（钟真、陈淑芬，2014）。事实上，农户具有追求经济利益最大化的理性人特征，降低农产品生产成本和增加产品产量是实现农户经济目标的有效途径，也是导致农户机会主义生产行为，从而威胁农产品质量安全的重要原因（吴淼、王家铭，2012）。郝利等（2008）对农户质量安全认知度的研究发现，3.0%的受访农户清楚了解《农产品质量安全法》，6.3%的受访农户清楚了解无公害农产品标志图案，以及68.5%的受访农户认为农药残留直接威胁农产品质量安全。在理性人假设下，农户采取质量安全的控制行为具有双重目标，即追求自身利润最大化并满足消费者对质量安全的需求（陶善信、李丽，2014）。基于计划行为理论的研究发现，65.2%的受访菜农愿意实施质量安全控制行为，该行为意愿受到农户态度和主观规范等因素的正向影响（程琳、郑军，2014）。

第二，在农户个体及家庭因素的影响方面。有学者运用计划行为理论，从农药种类选择、农药休药期控制以及化肥控制行为三方面定义蔬菜质量安全控制行为，提出农户心理因素（诸如态度、预期、认知、自我控制）、优质蔬菜价格以及行业环境是影响菜农是否采纳蔬菜质量安全控制行为的关键因素（江激宇等，2012）。养猪场（户）质量安全控制行为受到户主文化水平、兽药残留认知、养殖户规模及模式等因素的显著影响（孙世民等，2012）。农户家庭成员人数越多、家庭区域经济发展越好、农业生产成本越低、农户越了解农（兽）药，则农户采纳质量安全控制行为（标准化生产行为）的概率越高（郝利、李庆江，2013）。也有学者分析了风险态度对苹果安全生产行为的影响，结果表明，苹果种植户风险态度显著影响其质量安全控制行为，具有风险偏好特征的农户采纳苹果质量安全控制行为的概率更高（赵佳佳等，2017）。

第三，在政府等外部约束因素的影响方面。代云云和徐翔（2012）对蔬菜质量安全控制行为的影响因素的研究发现，政府规制、市场激励和组织约束对蔬菜质量安全控制行为具有显著影响，其中政府规制的作用最强，而市场激励的作用最弱。农户是否采纳农产品质量安全控制行为受到农产品质量标准的影响，随着标准的提高，农户采纳农产品质量安全控制行为的概率呈抛物线轨迹变化，过高的质量标准反而抑制农户对农产品质量安全控制行为的采纳（陶善信、李丽，2016）。区域声誉溢价效应具有激励农户采取质量安全控制行为，并向市场提供优质安全农产品的功能（周小梅、范鸿飞，2017）。

此外，农户是否参加农产品质量可追溯体系受到农产品价格预期、农产品生产经营收入以及政府是否给予政策支持的显著影响，政府政策支持力度越大，产业化组织活动越频繁，则农产品质量安全可追溯体系发展越迅速（陈丽华等，2016；王慧敏、乔娟，2011）。周洁红等（2015）对农产品"多重认证"行为的研究发现，农户生产经营规模、农产品自有品牌、主体责任压力以及市场激励等是影响农户是否采纳"认证"型质量安全控制行为的重要因素。吴强等（2017）对奶农全面质量控制行为实施意愿的研究发现，奶农文化水平、认知情况、养殖年限以及养殖特征（模式、规模、专业化、设施投入）等因素可以影响其鲜奶质量安全控制行为的采纳。

（2）将农户视为经济合作社成员的相关研究

学者们对这个问题的探讨，可以概括为分析合作社是否影响农产品质量安全控制行为、如何影响农户质量安全控制行为以及合作社促进农户质量安全控制行为的困难等三个方面，现分述如下。

第一，学者普遍注意到合作社对农户质量安全控制行为的积极影响。卫龙宝和卢光明（2004）在案例分析的基础上，提出农民专业合作社保障和改善农产品质量安全的观点；高锁平和裴红罗（2011）对合作社保障农产品质量安全机制进行分析，阐述了合作社保障农产品质量安全的机制；常倩等（2016）对农业产业组织影响农户质量安全控制行为的实证研究发现，养殖户参与农民专业合作社显著促使其更多采纳安全控制行为和品质控制行为，而参与场区式养殖仅有利于促使养殖户采纳品质控制行为，并且抑制安全控制行为。

第二，部分学者讨论了合作社影响农户质量安全控制行为的机制。费威（2013）提出，在合作社为农户提供质量安全奖励报酬合同的条件下，农户竞争关系对其质量安全控制行为具有正向影响；黄胜忠和丘营营（2014）运用多案例研究方法对农民专业合作社的质量控制行为进行了研究，结果发现，合作社是否能够促使成员农户采纳质量安全控制行为取决于合作社的制度设计和组织运行能力；吴学兵和乔娟（2014）采用二元 Logistic 离散选择模型对生猪养殖户档案记录行为进行研究，发现合作社模式、专业化程度以及"优质优价"机制提升了养殖户采纳档案记录行为的概率；选择销售合同和合作社方式、安全技术认知难度、兽药以及添加剂认知水平对养殖场（户）停药期执行影响显著；汪凤桂和林建峰（2015）对 171 个合作养殖农户的问卷调查表明，合作社提供农资服务和监督管理对成员养殖户采纳质量安全控制行为有积极影响；顾莉丽和郭庆海（2015）对农民合作社影响农产品质量安全控制行为的机制进行实证分析，结果显示，合作社能够在农业产前环节、农业生产过程环节和农业生产结束环节影响农产品质量安全控制行为，而组织约束和经济激励，以及生产经营服务是关键因素；农民合作社的内部信任对农产品质量安全控制效果具有积极影响，即人机信任和制度信任对合作社成员质量安全控制行为存在显著影响（钟真等，2016）；赵伟峰等（2016）运用多元线性回归模型实证分析农民专业合作经济组织对农户安全生产行为的影响效应，结果表明，提供生产技术培训，提供农资供应服务以及提供兽药防疫服务与养殖户采纳质量安全控制行为之间呈现显著正相关关系，在考虑安全养殖态度的情况下，养殖户态度具有显著的中介效应。

第三，合作社促进农户质量安全控制行为的困难。当前我国农产品优质优价机制尚未建立，实现安全农产品溢价存在一定困难，而农民专业合作社内部又存在成员异质性明显、治理结构不够完善等问题，集体行动理论表明"搭便车"行为可能是合作社质量安全控制面临的主要风险。实证研究发现，合作社有利于保障农产品质量安全，合作社规模和成员农户异质性方面的差异，是导致合作社质量安全控制波动的主要原因（李凯等，2015）。

（3）农产品质量安全相关技术采纳行为研究

国内学者对农户技术采纳行为较少进行理论分析（徐勋华，2001；朱方长，2004；高雷，2010；朱月季等，2014），更多学者通过实地调研，构建模型实证研究农户技术采纳行为的影响因素（黄季焜，1999；陈会英、郑强国，2001；韩青、谭向勇，2004）。

第一，有学者关注户主特征和农户家庭特征对其技术采纳行为的影响（陈凤霞、吕杰，2010；高辉灵等，2011）。户主受教育程度、家庭收入与养殖户采用清洁处理技术正相关，而户主年龄与其反相关（何如海等，2013）；平均年龄越小的农户越倾向于选择测土配方施肥技术，而受教育年限较短或较长的农户都不愿意选择该技术（罗小娟等，2013）；家庭人均年收入与农户亲环境技术的采纳呈正相关关系（毕茜等，2014）；户主性别、风险偏好类型显著负向影响农户 IPM 技术的采纳决策和采纳密度（储成兵，2015）；有外出打工经历、对过量施肥危害有所认知、参加过种植技术培训的农户对过量施肥有一定程度认知的概率更高，而具备上述特征的果农，以及性别为女性、种植年限长、果园为标准化果园的果农更倾向于采纳测土配方施肥技术（张复宏等，2017）；家庭土地经营面积越大、平均地块面积越大，则农户采纳滴灌技术的意愿越强烈（徐涛等，2017）。

第二，也有学者注意到农户所处环境对其技术采纳行为的影响。农户是否采纳沼气技术行为受到沼气建设费用与液化气价格等市场因素的影响（汪海波、辛贤，2008）；储成兵和李平（2013）对农户关于转基因生物技术的认知及采纳行为的分析发现，与村民交流的频率越高、国家良种补贴项目县、参加转基因生物技术培训等因素显著促进农户对该技术的采纳；秦明等（2016）用 Logit 模型实证分析社会资本对农户采纳测土配方施肥技术的影响，发现社会资本显著促进农户采纳测土配方施肥技术的意愿，对于受教育水平为初中及以上的农户具有正向促进作用；是否参加农业保险和国家粮食补贴金额等显著影响稻农采用新品种技术（朱萌等，2016）；科技示范、技术培训、财政补贴以及参加供应链组织促进了农户对生物防治技术的采纳（耿宇宁等，2017b）；农户采纳秸秆还田技术受监管约束与惩罚、补贴、信息诱导三种政策工具及土地机械化操作程度、环境认知等因素的正向影响（童洪志、刘伟，2017）；农业技术扩散模式影响农户技术采纳行为的作用机制，实证检验发现，社会网络、合作组织和生产合同三种技术扩散模式均能够直接或间接降低农户的技术生产和交易成本，由此成为促进农户采纳生猪良种技术的有效模式（季柯辛等，2017）。

第三，还有学者注意到社会规范因素对农户技术采纳行为的影响。陶群山等（2013）运用了二元 Logistic 回归模型对影响农户新技术采纳意愿的因素进行分析，结果表明，社会网络越大，技术越难，则农户新技术采纳意愿越弱，但农户的环境意识、销售渠道、政府补贴和宣传与新技术采纳意愿呈正相关关系；农户的社会网络规模、农户互助行为、农户共享行为、农户对邻里的信任、农户对村委会的信任等对农户技术采纳意愿的影响显著（汪建、庄天慧，2015）；谢方和徐志文（2015）引入社会规范要素构建农户技术采纳行为的理论模型，发现社会规范作为外在于农户而存在的一种引导其行为的价值标准，它与其他若干因素共同影响了农户的技术采纳决策，另外研究发现基于传统技术的旧的社会规范会阻碍新技术的扩散，相反基于新技术的新的社会规范是技术扩散的重要推动力；尽管农村社会传统的差序格局已发生了很多变化，以血缘、地缘、业缘关系为基础的私人联系仍然在农业新技术选择中起重要作用，农业技术采纳呈现明显的"羊群效应"，即农户是否采纳某技术很容易受到周围农户的影响（谈存峰等，2017）；宾幕容等（2017）基于湖南462个养殖农户调查样本，引入扩展的技术接受分析框架，对农户畜禽养殖废弃物资源化利用技术采纳意愿进行实证研究，结果表明，技术使用效果越好、越容易掌握、采纳成本越低，则农户对畜禽养殖废弃物资源化利用技术采纳的意愿越强烈；李博伟和徐翔（2017）将信息要素纳入生产模型中分析了信息对农户采纳新技术的影响，并从强、弱关系的视角理论分析了农户社会网络对获取技术信息的影响机制，结果表明，农户社会关系处于强关系对其获取技术信息有显著正向影响，而掌握技术信息显著正向影响农户采纳新技术。

3. 农户自主治理

国内不少学者对农户自主治理理论进行研究和讨论，对理解农户自主治理内涵和拓展农户自主治理应用领域做出了积极贡献。农户自主治理理论可以用来分析我国公共服务管理和公共政策制定方面的基础问题（毛寿龙，2004）；张克中和郭熙保（2009）从中国转型视角，对农户自主治理理论在中国的适用性进行讨论，提出政府干预、市场机制和社区自治的中国公共资源治理结构；王群（2010）基于我国公共资源管理视角，分析了农户自主治理行动情景和应用规则在我国的使用性；在此基础上，蔡晶晶（2012）对农户自主治理理论发展脉络、产生背景、应用条件等内容进行梳理和解释；罗家德等（2014）对农户自主治理进行研究，提出信任机制的建立依赖社会资本是自主治理形成的决定因素的观点。上述学者的研究对农户自主治理理论在我国的推广具有重要价值。

鉴于农户自主治理理论在公共资源管理方面的有效性，其应用迅速扩展到农村公共产品供给、公共事务治理、生态环境保护等领域的研究（吴光芸、李建华，2009）。第一，在农村公共产品供给方面，村民理事会针对村内道路破烂、水渠破损的现状，组织村民开会对话协商，推动形成"寨规民约"，实现修路筑渠的目标，得到了上级政府的认可（李文钊、张黎黎，2008）；毛寿龙和杨志云（2010）对农村灌溉用水模型进行研究，提出基于农户自主治理理论的良好灌溉设计方案，能够解决村民灌溉面临的问题，有利于形成集体行动；罗家德和李智超（2012）发现TM村原有的围绕村庙"福同宫"和村庄"道德典范"式能人建立的村级治理体系日渐式微，在NOG组织的帮助下，以震后重建为契机，构建了村民间的"信任机制、互惠机制、声誉机制"，辅之教育学习和社会活动，有利于村民参加村庄公共事务，从而形成村庄共有财务自治的机制，TM村的成功转型成了震灾社区重建的典型案例；高万芹和龙斧（2016）对农村集资修路进行讨论，发现政府支持、村民参与、协商管理促进了集资修路的实现，而熟人监督、"谁投资谁受益"机制保障了道路的排他使用。第二，在农村环境治理方面，雷玉琼和朱寅茸（2010）以某村养殖污染为例，对村民环境保护农户自主治理的三个阶段（形成、治理、保护）进行深入分析，提出了农村环境保护农户自主治理的拓展模型；谭江涛和彭淑红（2013）发现黄砂自治小组，通过利益相关方的参与协商，形成黄沙开采的监督、激励、惩罚措施，实现黄砂资源的可持续开发；许增巍和姚顺波（2016）对农村生活垃圾集中处理进行的研究发现，村民通过村民代表大会制定乡规民约，争取政府支持，参与生活垃圾治理，实现生活垃圾集中处理，村域内无积存垃圾的自治目标。此外，学者普遍注意到乡村自治对改变村民认知态度以及乡村民规和熟人监督形成的积极作用，并指明乡村自治是作为政府管理的补充而存在（殷冉，2013）。第三，在城市社区和农村自治方面，陈剩勇和马斌（2004）对温州民间商会制度进行研究，通过调查访谈和文献分析，提出适用于我国民间商会的农户自主治理方案；李文钊和张黎黎（2008）以村民自治小组为例，提出解决公共物品的供给问题是农户自主治理的核心，也是农户自主治理成功实施的标志，同时认为基于农村"熟人社会"的道德规范对农户自主治理具有积极作用。

（三）国内外研究动态评价

为实现农产品质量安全的源头治理，当前的理论研究普遍认为，应当通过加强政府监管，实施农产品供应链管理，构建"龙头企业或合作社＋农户"的生产模式，建立健全农产品质量安全可追溯体系，来实现对农户生产行为的监管，从而达到保障农产品质量安全的目的。政府要想真正实现对农户生产全过程的监管，不仅难度大，而且治理成本高，缺乏持续、有效的手段。

农户质量安全控制行为是影响农产品质量安全的重要因素。多数学者将农户个体特征、家庭特征和生产经营特征视为影响农户质量安全控制行为的重要因素；也有学者关注到政府规制、供应链管理、龙头企业与农民专业合作社等外部主体对农户质量安全控制行为产生的积极影响。与上述研究成果相比较，不少学者基于农村社会传统的差序格局，从农户血缘、地缘、业缘关系出发，将农村社会网络关系、农户互助行为、农户共享行为以及农户信任关系等因素纳入农户质量安全控制行为相关研究中来，探讨农村内部机制对农户质量安全控制行为的规范作用。而这些因素恰恰是农户自主治理理论关注的特征要素，这为将农户自主治理理论引入农户质量安全控制行为研究提供了理论支持。

从农户自主治理理论发展脉络来看，国内外相关文献一方面阐述和探索奥斯特罗姆搭建的理论框架，另一方面运用该理论解释公共池塘资源成功治理基础并提出政策建议。这些研究成果有利于笔者深刻理解农户自主治理的特征要素及发挥作用的机制，尤其是学者们将农户自主治理的应用领域进行极大拓展，从最初的自然资源治理到农村环境治理、农村公共物品供给和农村（社区）农户自主治理，学者们对这些成功案例的讨论取得了丰富经验，极大地拓展了笔者的视野，也在一定程度上证明了农户自主治理理论具有广阔的应用前景。然而，在目前的研究中，学者们对农户自主治理理论的应用仍集中在"有形共享资源"领域，对"无形共享资源"的研究还很缺乏。如果将村庄优质安全农产品的"良好声誉"视为村民共享的"无形共享资源"，那么"声誉共享"农户的非规范生产行为就是无形共享资源发展的关键威胁因素。为此，本书期望通过考察"声誉共享"农户实施的农户自主治理，能否以及如何影响农产品质量安全控制行为，来验证农户自主治理理论在"无形共享资源"治理方面的有效性。

四 研究思路和研究方法

（一）研究思路

本书将沿着"理论框架—实证检验—结论与讨论"的思路进行研究方案设计。首先，以农户自主治理理论、农户行为理论和农产品质量管理理论为基础，界定农产品质量安全、农产品质量安全控制行为以及农户自主治理的概念内涵。其次，对农户自主治理影响农产品质量安全及其控制行为机制进行分析，在此基础上构建本书理论框架。再次，利用陕西省猕猴桃调研数据，从三个方面来展开实证分析：一是对农户自主治理是否影响猕猴桃质量安全进行分析，以猕猴桃是否获得三品一标认证、等级规格、质量水平以及农药残留情况作为农产品质量安全的代理变量，采取 Biprobit 模型，分析农户自主治理是否对猕猴桃质量安全产生影响；二是对农户自主治理是否影响猕猴桃质量安全控制行为进行分析，以猕猴桃种植户农资投入行为、猕猴桃安全控制行为和品质控制行为作为猕猴桃质量安全控制行为变量，构建 PSM 模型，分析参与农户自主治理前后，猕猴桃种植户对质量安全控制行为的采纳是否发生变化以及如何变化；三是对农户自主治理影响猕猴桃质量安全控制行为路径进行分析，选择猕猴桃种植户安全控制行为和品质控制行为作为因变量，选择集体规范、信任关系、监督机制等农户自主治理特征要素作为自变量，利用 SEM 模型，探索农户自主治理影响猕猴桃质量安全控制行为的关键因素。最后，归纳概括研究结论并提出政策建议。

（二）研究方法

本节内容对本书撰写过程中采用的研究方法进行介绍，包括方法来源、目标等内容，特别是实证方法，给出每个实证方法的数学推导过程、理论分析基础，而方法的应用部分则在具体章节进行阐述。

1. 文献法

通过中国知网和万方数据库，查阅相关文献资料，了解目前国内外农产品质量安全、农户质量安全控制行为和农户自主治理实际应用研究动态，同时对农户自主治理理论提出的背景、内容、使用条件、研究领域进行梳理和归纳。为农户自主治理与农产品质量安全研究奠定理论基础，并凝练本书的创新之处。

2. 统计分析法

本书所需的数据既包括陕西省猕猴桃发展现状的宏观数据，也包括"周至猕猴桃"和"眉县猕猴桃"地区猕猴桃种植户生产行为的微观数据。宏观方面的数据主要由《中国农村统计年鉴》、中国国家统计局网站、陕西省农业厅网站、周至县和眉县农业局相关网站整理获得；微观方面的数据主要由课题组成员对陕西省周至县和眉县猕猴桃种植户进行的实地调研数据整理得到。在获取各类数据的基础上，运用统计分析法，对陕西省猕猴桃种植户概况、种植情况、猕猴桃质量安全概况、种植户质量安全控制行为概况以及农户自主治理等特征进行描述分析。

3. 二值选择模型

猕猴桃质量安全代理变量具有二值变量和有序变量的特点，对农户自主治理影响猕猴桃质量安全进行估算时，需要利用"离散选择模型"（Discrete Choice Model）或"定性反应模型"（Qualitative Response Model）进行回归分析，这类模型通常不适宜用 OLS 方法进行回归估计，其数理推理模型如下。

（1）双变量 Probit 模型（Biprobit 模型）

当两个二值选择变量存在相关性时，需要同时考虑两个被解释变量的发生概率，具体考察以下模型：

$$\begin{cases} y_1^* = x_1'\beta_1 + \varepsilon_1 \\ y_2^* = x_2'\beta_2 + \varepsilon_2 \end{cases} \quad (1-1)$$

式中，y_1^*、y_2^* 为不可观测的潜变量，扰动项（ε_1，ε_2）服从二维联合正态分布，期望为 0，方差为 1，而相关系数为 ρ，即：

$$\begin{pmatrix} \varepsilon_1 \\ \varepsilon_2 \end{pmatrix} \sim N\left\{ \begin{pmatrix} 0 \\ 0 \end{pmatrix}, \begin{bmatrix} 1 & \rho \\ \rho & 1 \end{bmatrix} \right\} \quad (1-2)$$

可观测变量 y_1、y_2 由以下方程决定：

$$y_1 = \begin{cases} 1, 若 y_1^* > 0 \\ 0, 若 y_1^* \leqslant 0 \end{cases} \quad (1-3)$$

$$y_2 = \begin{cases} 1, 若 y_2^* > 0 \\ 0, 若 y_2^* \leqslant 0 \end{cases} \quad (1-4)$$

如果 $x_1 = x_2$（两个方程的解释变量完全相同），则方程（1 - 1）~方程（1 - 4）被称为"双变量 Probit 模型"；反之，如果 $x_1 \neq x_2$（两个方程的解释变量不完全相同），则方程（1 - 1）~方程（1 - 4）被称为"似不相关双变量 Probit 模型"。此时这两个方程唯一的联系是扰动项的相关性。当 $\rho \neq 0$ 时，可写下 (y_1, y_2) 的取值概率，然后进行最大似然估计。[①] 例如：

$$\rho_{11} = P(y_1 = 1, y_2 = 1) = P(y_1^* > 0, y_2^* > 0) \qquad (1 - 5)$$

$$= P(\varepsilon_1 > -x_1'\beta_1, \varepsilon_2 > -x_2'\beta_2) = P(\varepsilon_1 < x_1'\beta_1, \varepsilon_2 < x_2'\beta_2)$$

$$= \int_{-\infty}^{x_1'\beta_1} \int_{-\infty}^{x_2'\beta_1} \varphi(z_1, z_2, \rho) \, \mathrm{d}z_1 \, \mathrm{d}z_2 = \Phi(z_1, z_2, \rho)$$

式中，$\varphi(z_1, z_2, \rho)$ 和 $\Phi(z_1, z_2, \rho)$ 的期望为 0，方差为 1，而相关系数为 ρ。类似的，可计算 ρ_{10}、ρ_{01}、ρ_{00}，将这些概率取对数后加总，得到对数似然函数。最后，检验原假设"$H_0: \rho = 0$"，可判断是否有必要使用双变量 Probit 模型。

（2）有序 Probit 模型（Ordered Probit 模型）

被解释变量为离散数据且具有排序特征，则被称为"有序数据"（Ordered Data），可以使用潜变量法来推导出 MLE 估计量。

假设 $y^* = x'\beta + \varepsilon$（$y^*$ 不可观测），而选择规则为：

$$y = \begin{cases} 0, 若 y^* \leqslant r_0 \\ 1, 若 r_0 < y^* \leqslant r_1 \\ 2, 若 r_1 < y^* \leqslant r_2 \\ \vdots \\ J, 若 y^* > r_{J-1} \end{cases} \qquad (1 - 6)$$

式中，$r_0 < r_1 < r_2 < \cdots < r_{J-1}$ 为待估参数，称之为"切点"

———————————————

[①] 当 $\rho = 0$ 时，如果对两个被解释变量分别构建 Probit 模型，则可能损失效率，但依然为一致估计。

（Cutoff Points）。

假设 $\varepsilon \sim N(0,1)$（将扰动项 ε 的方差标准化为 1），则：

$$P(y=0|x) = P(y^* \leqslant r_0|x) = P(x'\beta + \varepsilon \leqslant r_0|x)$$

$$= P(\varepsilon \leqslant r_0 - x'\beta|x) = \Phi(r_0 - x'\beta)$$

$$P(y=1|x) = P(r_0 < y^* \leqslant r_1|x)$$

$$= P(y^* \leqslant r_1|x) - P(y^* \leqslant r_0|x)$$

$$= P(x'\beta + \varepsilon \leqslant r_1|x) - \Phi(r_0 - x'\beta)$$

$$= P(\varepsilon \leqslant r_1 - x'\beta|x) - \Phi(r_0 - x'\beta) \qquad (1-7)$$

$$= \Phi(r_1 - x'\beta) - \Phi(r_0 - x'\beta)$$

$$P(y=2|x) = \Phi(r_2 - x'\beta) - \Phi(r_1 - x'\beta)$$

$$\vdots$$

$$P(y=J|x) = 1 - \Phi(r_{J-1} - x'\beta)$$

据此，可写出样本似然函数，并得到 MLE 估计量，即 Ordered Probit 模型，如果扰动项服从逻辑分布，则可得到 Ordered Logit 模型。

4. 倾向得分匹配法

在其他条件相同的情况下，农户自主治理对农户生产行为影响如何呢？可以通过分析参与农户自主治理对农户生产行为的影响进行判断。常用的计量方法有：一是使用 DID 方法比较参与农户自主治理前后农户生产行为的差异，但由于实地调研难以获取参与农户自主治理之前农户的生产行为，这种方法不可行；二是采用农户是否参与农户自主治理虚拟变量的 Logistic 回归模型，考虑到农户是否参与农户自主治理不是随机的，具有自我选择的特征，这将导致 Logistic 模型产生估计偏差，因而不能使用。本书采用倾向得分匹配法（薛彩霞、姚顺波，2016），对参与农户自主治理的农户生产行为进行分析。该方法的理论基础如下。

(1) 选择难题

在经济学中,我们常希望评估某项目或政策实施后的效应,比如政府推出的就业培训项目,此类研究被称为"项目效应评估"(Program Evaluation)。项目参与者的全体构成"实验组"或"处理组"(Treatment Group),而未参与项目者则构成"控制组"或"对照组"(Comparison Group)。

考虑就业培训的处理效应评估。如果直接对比实验组与控制组的未来收入或就业状况,往往发现参加就业培训者的未来收入比未参加者低,难道参加就业培训反而有害?根本原因在于,参加培训是不是参加者自我选择(Self-selection)的结果,岗位好、收入高的人群并不需要参加就业培训,而就业培训的参加者多为失业、低收入者。由于两组成员的初始条件不完全相同,则无法避免"选择偏差"(Selection Bias)。事实上,我们真正想了解的是:"实验组成员的未来收入是否会比这些人如果未参加培训项目的(假想)未来收入更高?"

为此,鲁宾(Rubin, 1974)提出了"反事实框架"(a Counterfactual Framework):以虚拟变量$D_i = \{0, 1\}$表示个体i是否参与此项目,$D_i = 1$为参与,而$D_i = 0$为未参与。个体i的未来收入y_i可能有两种状态,取决于其是否参加此项目,即:

$$y_i = \begin{cases} y_{1i}, 若 D_i = 1 \\ y_{0i}, 若 D_i = 0 \end{cases} \qquad (1-8)$$

其中,y_{0i}表示个体i未参加项目的未来收入,而y_{1i}表示个体i参加项目的未来收入,则$y_{1i} - y_{0i}$即为个体参加该项目的因果效应。如果个体i参加了项目,则可观测到y_{1i},但看不到y_{0i};如果个体i未参加项目,则可观测到y_{0i},但看不到y_{1i}。总之,由于个体只能处于一种状态(要么参加项目,要么不参加),故只能观测到y_{0i}或y_{1i},而无法同时观测到y_{0i}与y_{1i},这实际上是一种"数据缺失"(Missing Data)问题。

（2） 倾向得分匹配法的思路

为应对个体选择偏差难题和数据缺失问题，罗森鲍姆和鲁宾（Rosenbaum and Rubin，1983） 提出倾向得分匹配法 （Propensity Score Matching，PSM），其基本思路是：基于控制组个体为每个实验组个体挑选或构造一个未参加项目的个体，尽可能保证两个个体除在参加项目选择方面不同，其他方面相同或相似。此时，两个个体收入观测值y_{0i}、y_{1i}可以看作同一个个体的两次不同实验（参加和不参加项目） 的结果，可观测变量差值$y_{1i} - y_{0i}$即为参加项目的净效应，定义该差值的期望为平均处理效应 （ATT），即：

$$ATT = E(y_{1i} \mid D_i = 1) - E(y_{0i} \mid D_i = 1) = E(y_{1i} - y_{0i} \mid D_i = 1) \quad (1-9)$$

用倾向得分匹配法计算ATT的一般步骤如下。

第一，选择协变量x_i，必须选择影响 （y_{0i}，y_{1i}） 与D_i的尽可能多的变量。

第二，估计倾向得分匹配。在给定x_i的情况下，个体i进入处理组的条件概率为：

$$p(y_{1i}) = p(D_i = 1 \mid x = x_i) \quad (1-10)$$

第三，进行倾向得分匹配。一般针对x的每个分量考察如下"标准化偏差"：

$$\frac{\mid \bar{x}_{treat} - \bar{x}_{control} \mid}{\sqrt{(S_{x,treat}^2 + S_{x,control}^2)/2}} \quad (1-11)$$

式中，$S_{x,treat}^2$和$S_{x,control}^2$分别是SOG[①]$_i$ = 1 组和SOG_i = 0 组控制变量x的样本方差，该标准化偏差应小于等于20% （薛彩霞、姚顺波，2016）。

第四，根据匹配后的样本计算ATT估计量，其一般表达式为：

---

① SOG 表示自主治理组织。

$$\widehat{ATT} = \frac{1}{N_1} \sum_{i,treat} \left(y_i - \widehat{y}_{0i} \right) \tag{1-12}$$

其中，$N_1 = \sum_i treat$ 为处理组个体数，$\sum_i treat$ 表示仅对处理组个体进行加总。倾向得分匹配法还包括另外两个处理效应估计量①，本书不予考虑。

5. 结构方程模型

结构方程模型（SEM）属于多变量统计方法，可以同时进行因素分析和路径分析。结构方程模型一般包括可观测变量、潜变量、误差项变量，借助估计软件可同时估算上述三类变量之间的关系，并获得可观测变量影响潜变量的直接效应和间接效应（吴明隆，2009）。

结构方程模型包括测量模型（Measured Model）与结构模型（Stuctural Model）。其中：测量模型反映潜变量（Latent Variable）和可观测变量（Observed Variable）之间的关系；结构模型反映潜变量之间的结构关系。结构方程模型一般由下述矩阵方程表示：

$$\eta = B\eta + \Gamma\xi + \zeta \tag{1-13}$$

$$Y = \Lambda_y \eta + \varepsilon \tag{1-14}$$

$$X = \Lambda_x \xi + \sigma \tag{1-15}$$

方程（1-13）为结构模型，η 为内生潜变量，ξ 为外源潜变量，η 通过 B 和 Γ 系数矩阵以及误差向量 ζ 把内生潜变量和外源

---

① 另外两个处理效应估计量是 ATU 和 ATE，其含义及计算方法如下。ATU 表示未参加项目的平均处理效应，其估计量的一般表达式为 $\widehat{ATU} = \frac{1}{N_0} \sum_{i,control} (\widehat{y}_{1i} - y_i)$，其中，$N_0 = \sum_i control$ 为控制组的个体数，$\sum_i control$ 表示仅对控制组个体进行加总。ATE 表示整个样本（参加者与未参加者）的平均处理效应，其估计量的一般表达式为 $\widehat{ATE} = \frac{1}{N} \sum_{i=1}^{N} (\widehat{y}_{1i} - \widehat{y}_{0i})$，其中，$N = N_0 + N_1$ 为样本容量；处理组 $\widehat{y}_{1i} = y_i$；控制组 $\widehat{y}_{0i} = y_i$。

潜变量联系起来。方程（1-14）和方程（1-15）为测量模型，Y 为内生潜变量的可观测变量，Λ_y 为内生潜变量与其可观测变量的关联系数矩阵，X 为外源潜变量的可观测变量，Λ_x 为外源潜变量与其可观测变量的关联系数矩阵，通过测量模型，潜变量可以由可观测变量来反映。其中，外源潜变量和内生潜变量之间以及潜变量与可观测变量之间的路径系数、可观测变量的误差项、误差项与误差项之间的协方差、内生潜变量的误差项等是需要进行估计的参数。

五 技术路线

根据研究思路，结合研究方法，绘制的技术路线如图1-1所示。

六 本书主要创新之处

与已有研究相比较，本书的创新点主要体现在以下几个方面。

第一，基于农户自主治理理论，提出农户自主治理是实现农产品质量源头治理的新思路。国内外已有文献从不同视角对农产品质量安全治理途径进行讨论，大部分学者提出借助外部力量实现农产品质量安全源头治理的思路，也有学者关注到农户是保障农产品质量安全的关键主体，提出农民经济合作组织是保障农产品质量安全重要载体的观点，但既有研究普遍没有注意到基于村庄的农户自主治理对农产品质量安全的积极作用。事实上，共享村庄农产品"良好声誉"是村民具有保护"良好声誉"的主观动力，而建立在村庄基础上的农户自主治理能够更好地利用农村"熟人社会"网络，实现对农户质量安全控制行为的约束或激励，

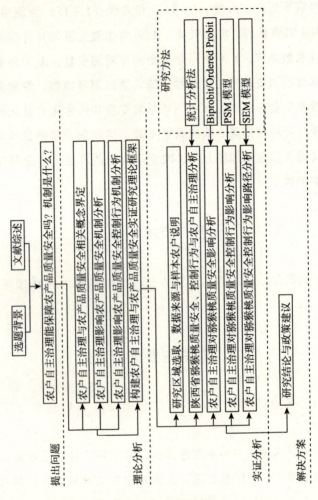

图 1 - 1　技术路线

往往比农产品质量安全的外部治理或者合作社治理效果更好。

　　第二，验证了农户自主治理显著影响农产品质量安全及质量安全控制行为，为探索农产品源头治理途径奠定理论基础。本书研究结果表明，参与农户自主治理后，农产品源头质量安全水平得到提高，农户显著增加农资投入金额并减少农资投入次数，更多采纳农产品安全控制行为和农产品品质控制行为。这说明农户自主治理能够激励农户承担农产品质量安全保障主体责任，是实现农产品质量安全源头治理的有效途径，为制定农产品质量安全源头治理的对策措施提供了理论支持。

第三，验证了农户自主治理影响农产品质量安全控制行为的关键因素，揭示了农户自主治理有效性的内在机制。从相关研究理论基础来看，国内外已有文献往往以信息不对称理论、政府规制理论以及契约理论等为基础，从政府和消费者的立场出发，强调"他治"对农户质量安全控制行为的影响，而忽略从农户立场出发，研究农户质量安全控制行为的内在运行机制。农村社会规范、信任关系以及监督机制等社会因素在农产品质量安全控制行为中具有积极作用，本书通过构建计量模型，验证其对农产品质量安全控制行为的影响路径，从而揭示影响农户"自治"的关键因素。

第四，与传统回归方法比较，本书采用 Biprobit 模型、倾向得分匹配法（PSM）和结构方程模型（SEM）对相关问题进行研究，具有一定的先进性。Biprobit 联立方程模型可以同时估计种植户是否参与农户自主治理和猕猴桃质量安全水平高低的影响因素，能够避免有偏估计；而 PSM 模型可以克服猕猴桃种植户参与农户自主治理方面的选择性偏差和解决由自选择性所导致的估计偏误；而 SEM 模型能够同时处理农户自主治理特征要素和农产品质量安全控制行为的多个变量，同时估计潜变量结构以及潜变量和可观测变量之间的关系，并且能够估计整个模型的拟合度。

▶ 第二章
理论基础

一 概念界定

（一）农产品质量安全

关于农产品质量安全的定义目前还有很多争议。从字面的逻辑关系来看，农产品质量安全既可以理解为农产品质量的安全，也可以理解为农产品质量和安全。前者"质量安全"表示修饰关系，强调消费者对农产品质量方面的要求；后者"质量安全"表示并列关系，即农产品质量和安全，表示农产品食用安全、品质优良，强调农产品在"质量"和"安全"方面都要满足人们的要求。从已有文献来看，这两种理解都被不少学者使用，学者们往往结合研究目的界定"质量安全"的内涵。本书更认同后一种理解，即"质量安全"包括农产品质量和农产品安全两个方面。

借鉴鲜乳产品质量安全的两分法（钟真、孔祥智，2012），将农产品质量安全直接细化为安全属性和品质属性两部分，其中安全属性指农产品农药残留以及环境污染等可能危害人体健康的因素；品质属性指农产品的外观及其内在品质，如营养成分、色香味、口感等不会危害人体健康，构成使用价值的因素。就本书的研究对象而言，猕猴桃质量安全指猕猴桃安全属性和品质属性，猕猴桃安全属性主要指猕猴桃是否存在农药残留；猕猴桃品质属性包括猕猴桃的外观形状、大小重量、破伤虫孔、口感等感官因素，以及基于这些因素对猕猴桃质量的评价结果，即猕猴桃等级规格、质量水平、是否获得三品一标等识别变量。

（二）农产品质量安全控制行为

农产品质量安全控制行为是农户在农产品生产经营过程中采纳的有利于保障农产品质量安全水平的生产行为，又被称为农户质量安全控制行为。[①] 周洁红（2006）在对蔬菜质量安全控制行为的研究中，首次使用蔬菜（农产品）质量安全控制行为的概念，从农药使用行为、化肥使用行为和采后处理行为三个方面理解蔬菜（农产品）质量安全控制行为；代云云和徐翔（2012）研究政府、市场和组织监管对农户质量安全控制行为影响时，基于农药残留是蔬菜质量最重要标准的认识，将蔬菜（农产品）质量安全控制行为定义为禁用农药的使用、安全农药施用剂量和农药安全间隔期等三个方面；吴强等（2016）基于供应链视角提出鲜奶全面质量控制行为的概念，具体包括投入品质量控制行为、疫病防控质量控制行为、饲养环境质量控制行为、设施配置质量控制行为、养殖档案质量控制行为、动物福利质量控制行为以及合作协调质量控制行为。综上可知，学者们往往根据研究目标并结合研究对象的特点对特定农产品质量安全控制行为进行界定，可以看出，分类描述是学者们定义农产品质量安全控制行为的基本方法。

借鉴上述研究基本思路，本书认为农产品质量安全控制行为可以分成农产品安全控制行为和农产品质量（品质）控制行为两方面。农产品安全控制行为表示与农产品安全属性相关的生产行

---

① 下文中猕猴桃质量安全控制行为与猕猴桃种植户质量安全控制行为含义相同。

为，诸如农药使用行为、农药浓度控制行为、农药休药期控制行为以及农药残留控制行为等，农户采纳安全控制行为往往对农产品安全水平具有正向影响；农产品品质控制行为表示与农产品品质属性密切相关的行为，诸如三品一标认证行为、生物激素添加行为、肥料使用行为以及品质控制技术采纳行为等，农户采纳品质控制行为往往对农产品质量水平具有正向影响。

结合本书研究对象，猕猴桃质量安全控制行为是指猕猴桃种植户在生产猕猴桃过程中实施的、对猕猴桃质量安全产生影响的行为，包括猕猴桃安全控制行为和猕猴桃品质控制行为。猕猴桃安全控制行为包括农药休药期认知、农药药效认知、农药残留认知、低毒高效低残留农药使用行为、是否接受农药使用指导行为、农药休药期控制行为、农药浓度控制行为、农药残留控制行为和农药使用效果评价等方面；猕猴桃品质控制行为包括三品一标认证行为、肥料使用行为、膨大剂使用行为、猕猴桃品质控制技术采纳行为等方面。此外，考虑到猕猴桃质量安全水平也受到种植户农资投入的影响，本书也将猕猴桃种植户农资投入次数和农资投入金额作为农户质量安全控制行为的组成部分进行考察。

（三）农户自主治理

农户自主治理是基于农户自主治理理论提出的新概念，为充分界定农户自主治理的内涵和外延，本书从农户自主治理概念、组织特点、成员构成、形成路径与运行机制以及特征要素等五个方面进行说明。本节内容重点阐述农户自主治理的概念，并通过与农民专业合作社比较，来说明农户自主治理的组织特点，其他内容安排在第三章，用陕西猕猴桃种植户形成的农户自主治理的成员构成、形成路径与运行机制以及特征要素等数据进行统计分析。

1. 农户自主治理概念

奥斯特罗姆教授对近海渔业资源、草地林场资源、湖泊灌溉资源以及地下水资源进行了大量案例研究，结果发现由资源的使用者形成的农户自主治理联盟，经常能够制定解决资源利用利益冲突的合作机制，保障这些公共池塘资源长期可持续发展。基于上述研究成果，她提出农户自主治理是治理公共池塘资源的第三条路径，这类农户自主治理能够克服"搭便车"倾向，实现公共池塘资源的长久利用。奥斯特罗姆教授在《公共事物的治理之道：集体行动制度的演进》（1990 年）一书中定义了农户自主治理："一群相互依赖的委托人如何才能把自己组织起来，进行农户自主治理，从而能够在所有人都面对搭便车、规避责任或其他机会主义行为形态的情况下，取得持久的共同收益。"

基于上述定义，结合调研实践，本书提出的农户自主治理是建立在村庄基础上的，由本村的猕猴桃种植户通过集体协商，自愿参与组织起来的，对本村猕猴桃"良好声誉"实施农户自主治理的非正式组织，能够通过激发猕猴桃种植户的主观能动性，引导种植户克服"搭便车"或其他机会主义行为倾向，实现保护本村猕猴桃"良好声誉"持续发展的治理目标，进而使得本村猕猴桃种植户取得持久的"共同收益"。

这种农户自主治理与奥斯特罗姆教授提出的自主治理组织极其相似，仅治理对象略有不同，即奥斯特罗姆教授讨论的是对"有形共享资源"的农户自主治理，而猕猴桃种植户关注的是"无形共享资源"的农户自主治理。无论是"有形共享资源"还是"无形共享资源"都能够为资源使用者带来经济收益，其治理目标都是长期可持续发展的，从这个角度来看，其治理对象和治理目标具有一致性。

2. 农户自主治理的组织特点

当前阶段，农民专业合作社是广泛存在于农村地区，由农户自发形成的新型农业生产经营主体，为便于理解农户自主治理概念，下文通过与农民专业合作社比较，列示其组织特点（见表 2-1）。

表 2-1 农户自主治理与农民专业合作社的区别和联系

组织特点	农民专业合作社	农户自主治理
相同之处		
组织性质	农民经济合作	农民经济合作
合作目的	与社员交易不以营利为目的	不以营利为目的
不同之处		
组织成员	农民为主体（≥80%）	猕猴桃种植户
组织功能	服务社员	"良好声誉"保护
所有制结构	新型农业生产经营主体	非正式村民经济合作
管理机制	存在委托代理关系	不存在委托代理关系
地域范围	跨越村庄	村庄地域内

（1）猕猴桃种植户（农户）自主治理与农民专业合作社的共同点

第一，二者都是农民经济合作组织。农民专业合作社是"农民自愿参加的，以农户经营为基础，以某一产业或产品为纽带，以增加成员收入为目的，实行资金、技术、生产、购销、加工等互助合作的经济组织"。而猕猴桃种植户形成的农户自主治理则是"建立在村庄基础上的，由本村的猕猴桃种植户通过集体协商，自愿参与组织起来的，对本村猕猴桃'良好声誉'实施农户自主治理的非正式组织，能够通过激发猕猴桃种植户的主观能动性，引导种植户克服'搭便车'或其他机会主义行为倾向，实现保护本村猕猴桃'良好声誉'持续发展的治理目标，进而使得本村猕猴桃种植户取得持久的'共同收益'"。

第二，二者均不以营利为目的。作为典型的农民经济合作组织，农民专业合作社成立的主要目的是为合作社成员提供生产经营的相关服务，诸如农资统购服务、产品统销服务、生产技术推广培训服务等，而这些服务都不以营利为目的，此外，合作社实行的按交易额分红的基本分配制度进一步削弱其营利性质。而农户自主治理更强调成员的自我约束，通过实行集体自治，改变个体预期收益、预期成本、内部规范和贴现率，从而改变个体行为决策，克服利己主义，实现集体利益。就猕猴桃种植户形成的农户自主治理而言，种植户参与的目的是减少自我和周围农户的"搭便车"生产行为，保护村庄猕猴桃的"良好声誉"，并在此基础上实现持久的共同利益。

（2）猕猴桃种植户（农户）自主治理与农民专业合作社的区别

第一，二者组织成员不同。农民专业合作社是农民经济合作组织，要求大于等于80%的成员是农民，而剩余20%的成员可以由农产品加工销售企业以及其他企事业单位组成；而农户自主治理的成员由共享村庄"良好声誉"的猕猴桃种植户组成，与农民专业合作社丰富的成员类型不同，农户自主治理的成员必须是猕猴桃种植户，而且必须是村庄范围内具有"良好声誉"的猕猴桃种植户。

第二，二者组织功能不同。农民专业合作社的主要功能是为社员提供生产经营服务，包括农资购买使用服务，农产品储藏、加工、运输、销售服务，农业资源开发利用以及农业生产经营相关技术信息服务，等等，且合作社成员是其主要服务对象。农户自主治理主要功能是保护村庄的"良好声誉"，保护无形公共池塘资源的持续利用，纠正种植户机会主义行为倾向，促进集体行动形成，实现长久共同利益。

第三，二者所有制结构不同。农民专业合作社是新型农业生产经营主体，可以独立进行生产经营活动，基于资金与劳动的结合形成新的所有制结构，同时与合作社成员交易不以营利为目的，具有向社员返还合作社盈余的收益分配制度。而农户自主治理对外不是独立的经济单位，不具备所有制结构，就猕猴桃种植户形成的农户自主治理而言，该农户自主治理对外不单独存在，其组织目的主要是纠正成员机会主义行为，促进集体行动形成。

第四，二者管理机制不同。农民专业合作社在"自由入社，自由退出，民主管理"等原则基础上，建构了新的经营管理体制。而农户自主治理达成的协议只有取得全体成员同意后才能被执行，执行过程以私人参与者执行协议内容为主，同时具有成员相互监督、互为约束的特征。就猕猴桃农户自主治理而言，以村干部农户和中介农户执行协议内容为主，而以成员种植户相互监督约束为辅。

第五，二者地域范围不同。农民专业合作社的成员没有地域范围的限制，成员可以是注册地农户，也可以是跨乡镇、跨市县形成的农民专业合作社联合社，比如陕西三秦果农专业合作社联合社，它是由陕西 13 个市县的果业专业合作社负责人共同发起的，共有陕、甘、晋、豫等地区 100 多家农民专业合作社联合而成。但农户自主治理的地域范围往往集中于单个村庄，由村庄内猕猴桃种植户参与形成。

二　相关理论

（一）农户自主治理理论

传统经济学未对纯公共物品和公共池塘资源进行区分，哈丁"公地悲剧"模型（Hardin，1968）是对个人面对公共物品时采取行动策略的描述，集体收益责任分配的不确定性，将导致"搭便车"行为泛滥，最终公共物品将荡然无存。公地悲剧常被形式化为囚徒困境的博弈，在囚徒困境的博弈中，每一个参与者都有一个占优策略，博弈双方的占优策略构成了博弈的均衡结局，然而博弈均衡结果并不一定是帕累托最优结局。相反，个人理性的博弈过程与战略选择却导致了集体行动的悖论。奥斯特罗姆教授认为，公地悲剧、囚徒困境和集体行动的悖论是公共事物治理所面临的三大难题，而且这些问题都是"搭便车"问题：任何时候，一个人只要不被排斥在分享由他人努力所带来的利益之外，就没有动力为共同的利益做贡献，而只会选择做一个"搭便车者"。如果所有的人都选择"搭便车"，就不会产生集体利益。因此，如何解决公共池塘资源占用者的"搭便车"问题就成为公共池塘资源治理的核心问题。

为纠正个体"搭便车"行为，传统经济学将政府干预和市场机制视为"二选一"的治理途径。奥斯特罗姆教授对这种"二选一"的逻辑推断提出了疑问，她通过对鱼类、草地、森林、湖泊和地下水等公共池塘资源使用管理情况的大量研究，观察到资源使用者联盟等自治组织，经常能发展出用于解决利益冲突的决策和执行机制，使上述公共池塘资源得到有效管理。她认为在产权和政府之外，存在一股很强大的力量——农户自主治理能够有效管理公共池塘资源。奥斯特罗姆教授认为，尽管成功的公共池塘资源农户自主治理情景存在千差万别，但它们在一些基本点上又具有相似之处，她总结出用来描述所有这些有效的公共池塘资源制度的特征要素（见表2-2）。所谓"特征要素"是指一种实质要素或条件，它们有助于说明这些制度在维持公共池塘资源、保证资源占用者长期遵守所使用的规则中的成功因素，这些"特征要素"为公共池塘资源及其相关制度的存续性提供了一种可信的解释。

表2-2　有效的公共池塘资源制度的特征要素

1. 清晰界定边界

公共池塘资源本身的边界必须予以明确规定，有权从公共池塘资源中提取一定资源单位的个人或家庭必须予以明确规定。

2. 使占用和供应规则与当地条件相一致

规定占用的时间、地点、技术和资源单位数量要与当地条件及所需劳动、物资和资金的供应规则相一致。

3. 集体选择的安排

绝大多数受操作规则影响的个人应该能够参与对操作规则的修改。

4. 监督

积极检查公共池塘资源状况和占用者行为的监督者，或是对占用者负有责任的人或是占用者本人。

5. 分级制裁

违反操作规则的占用者很可能要受到其他占用者、有关官员或他们两者的分级制裁。

6. 冲突解决机制

占用者和他们的官员能够迅速通过成本低廉的地方公共论坛来解决占用者之间或占用者与官员之间的冲突。

7. 对组织权的最低限度的认可

占用者设计自己制度的权利不受外部政府权威的挑战。

8. 嵌套式企业

将占用、供应、监督、强制执行、冲突解决和治理活动在一个多层次的嵌套式企业中加以组织。

资料来源：奥斯特罗姆（Ostrom, 1990）。

（二）农户行为理论

农户行为理论研究的是农户如何做出抉择、采取何种行动的理论。该理论建立在农户独立决策基础之上，通常以农户家庭收益最大化为目标，在既定的资源条件与市场环境约束下，对农户在农产品生产、销售以及消费方面采取的行为进行研究的专门理论。农户行为面临的约束条件不同于一般行为或其他行业，具有其行为特殊性。

作为"理性小农"学派的代表人物，舒尔茨（2009）认为，农户是理性的经济人，其生产行为决策是为了农业生产利润最大化。随后波普金在《理性的小农》（1979 年）一书中，发展了舒尔茨的观点，认为农户行为选择是理性人做出的利益最大化的选择。但是俄国经济学家恰亚诺夫认为，农户行为的选择不是出于理性人追求利润最大化的目的，而是追求家庭消费需要最大化的结果，为此可能做出一些违背理性人假设的行为。美国经济学家 Scott（1976）提出了农民的道义经济学，认为农民做出行为是基于道德而不是理性，农民在风险规避和收益之间偏好于风险规避，在不确定的情况下，农民选择生产技术安全的生产行为，即使收益偏低。此外，农户行为还受到农产品市场的影响，即"商品小农理论"，其基本观点是，由于农户阶层较低，其生产行为受到市场经济和劳动结构的制约。本书认同"理性小农"的观点，即农户行为的目标是追逐"家庭收益"最大化。

农户行为决策影响农产品质量安全。农户具有追求经济利益最大化的理性人特征，降低农产品生产成本和增加产品产量是实现农户经济目标的有效途径，也是导致农户机会主义生产行为，从而威胁农产品质量安全的重要原因（吴淼、王家铭，2012），诸如过量使用化肥、农药，违规使用激素、添加剂等生产行为，必将对农产品质量安全产生负面影响。以兽药使用为例，调查显示，规避生猪病死风险是养殖户过量使用兽药的根本原因，约三分之一的养殖户存在过量使用兽药的行为（孙若愚、周静，2015）。与之相似，种植户普遍认为过量使用农药有利于提高农产品产量，可以获得更高农业收入，同时有利于降低农业生产的资金和劳动力投入，增加农户自身休闲时间（娄博杰等，2014）。伴随我国农业现代化进程的加速，农户已经成长为独立的市场主体，其生产行为决策越来越受到市场理性的影响（卫龙宝、王恒彦，2005）。农户对农产品质量安全的认知逐渐增强，越来越多的农户采取农产品质量安全认证行为（周洁红等，2015），这有利于规范农户生产行为，有利于保障农产品质量安全。

（三）农产品质量管理理论

农产品质量安全水平是一个国家或地区经济社会发展水平的重要标准之一。农产品质量安全管理就是对生产、运输、销售以及消费等农产品产业链各环节进行管理和控制，通过规范农产品产业链不同主体的行为，达到保障和提高农产品质量安全水平，促进人体健康的管理目标。当前，农产品中广泛存在的有毒有害物质是危害农产品质量安全管理的主要因素，由此造成的不安全农产品产生的危害往往具有直接性、隐蔽性、累积性、多环节性以及管理的复杂性等特点。

在传统的经济学理论中，农产品市场通常被认为是典型的完全竞争市场，然而，实际上农产品市场并不符合完全竞争市场的假设，即农产品并不是同质的，此时买卖双方有关农产品质量安全的信息是不对称的，这正是造成农产品质量安全问题的根本原因。通常情况下，由于农产品兼具信用品和经验品的特点，消费者难以借助感官因素评价农产品质量安全水平，所以消费者掌握的农产品质量安全信息较少，倾向于以"平均价格"购买农产品，这种"逆向选择"行为使得农产品的"优质优价"难以实现，导致"市场失灵"出现（周开宁、郑少锋，2010）。政府监管是弥补市场失灵的必要手段，然而农产品质量安全的"信息不对称"也广泛存在于政府监管者与农产品生产者之间，导致"政府失灵"出现（徐金海，2007）。总结起来，关于农产品质量安全的"信息不对称"是造成农产品"市场失灵"和"政府失灵"的根本原因，也是导致农产品质量安全问题的根源。

农产品质量安全管理中的"信息不对称"主要表现为"逆向选择"和"道德风险"问题。其中，"逆向选择"问题正如上文所述，消费者难以借助感官因素评价农产品质量安全水平，因此消费者掌握的农产品质量安全信息较少，其选择的"均价策略"会造成"柠檬市场"效应，即优质产品被排挤，次品充斥整个市场，严重时会导致市场的萎缩和交易的停顿。而"道德风险"问题则是，农户在农产品生产过程中利用信息优势对买方进行欺骗的行为，比如以普通农产品冒充绿色农产品，或在优质农产品名义下生产普通农产品的行为。无论是"逆向选择"还是"道德风险"都不利于农产品质量安全管理目标的实现，因此探索解决"逆向选择"或"道德风险"问题的途径就成为农产品质量安全管理的重要课题。

（四）相关理论逻辑关系分析

由农产品质量安全管理理论可知，"信息不对称"是造成农产品质量安全问题的根本原因，由于当前农产品市场尚未实现"优质优价"机制，消费者的"逆向选择"使得农户不敢生产优质农产品，在优质农产品高价诱惑下，部分农户以次充好导致"道德风险"问题的出现，因此，只有消除"信息不对称"才能保障农产品质量安全。本研究关注生产环节"信息不对称"的治理问题，在这个环节，农户行为是影响农产品质量安全水平的关键因素。在当前市场条件下，提高农产品产量往往是农户实现自身经济利益最大化的唯一途径，因此农产品质量安全并非农户决策的关键，再加上农户行为隐蔽性（"信息不对称"的表现）的特征，容易诱使其为增加产量而采取损害农产品质量安全的生产决策。为纠正农户自觉采取农产品质量安全控制行为，改变农户外部环境是必要条件。结合农户自主治理理论可知，在特定目标条件下，农户自主治理能够引导成员农户为实现治理目标控制个体行为（消除"信息不对称"）。就本书研究对象而言，村庄关于猕猴桃的"良好声誉"能够激励村民自觉控制自身行为，在此基础上形成的农户自主治理能够在较高水平上引导猕猴桃种植户采取质量安全控制行为，从而消除猕猴桃生产环节"信息不对称"现象，保障猕猴桃质量安全。

三 农户自主治理对农产品质量安全及控制行为影响机制分析

农户作为独立市场主体，追求家庭经济效益最大化是其进行生产行为选择的重要依据，然而，农户的这种"理性行为"往往受到心理或外界因素影响产生"非理性"质量安全控制行为选择，诸如过量使用农药、化肥，违规违法使用添加剂，将导致农产品中农药残留、重金属超标，严重威胁农产品质量安全。可以说，农户生产行为选择，尤其是质量安全控制行为选择，是影响农产品质量安全的重要因素，因此，引导和规范农户质量安全控制行为就成为保障农产品质量安全的关键。

农户自主治理是农户实现自我治理的重要载体，以保护村庄"良好声誉"为治理目标，农户自主治理重构了农户生产经营的社会环境，改变了农户采纳质量安全控制行为预期，形成了"采纳良好生产行为有利于获得优质安全农产品，优质安全农产品有利于保护村庄良好声誉，村庄良好声誉有利于农户获得更高经济收益"的良性循环，有利于引导和规范农户采纳质量安全控制行为，进而有利于农产品质量安全的改善。基于上述分析，本书构建了如图 2 - 1 所示的农户自主治理影响农产品质量安全及控制行为的机制分析内容。下文机制分析分成三个方面：一是农户自主治理影响农产品质量安全机制分析，二是农户自主治理影响农产品质量安全控制行为机制分析，三是农户自主治理影响猕猴桃质量安全控制行为路径机制分析。

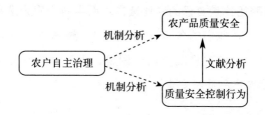

图 2 - 1　农户自主治理影响农产品质量安全及控制行为的机制分析内容

（一）农户自主治理影响农产品质量安全机制分析[①]

1. 农产品质量安全的农户囚徒困境模型

对于农产品拥有良好声誉[②]的村庄而言，村庄内每个农户都能享受良好声誉带来的产品溢价。在特定地域范围、自然环境以及生产方式情况下，该村庄每年能生产的农产品数量假定为 L，如果产量超过 L，则农产品品质可能下降，良好声誉遭受破坏，农产品溢价消失，农户经济利益受损。如果该村庄只有两个农户，将每个农户生产 $L/2$ 的农产品定义为"合作"策略，每个农户生产超过 $L/2$ 的农产品定义为"背叛"策略。如果两个农户均选择"合作"策略，他们将各自获得 10 个单位的利润，然而如果他们都选择"背叛"策略，则利润为 0。如果只有一个农户选择"背叛"策略，则"背叛者"将获得 11 个单位的利润，而"受骗者"获得 -1 个单位的利润。若将两个农户视为一个集体，显然，集体的最大收益是两个农户选择"合作，合作"策略，获得 20 个单位利润。然而，由表 2 - 3 可以看到，在无约束的情况下两个农户的支配策略都是"背叛"，即不管对方选择什么策略，

----

① 本节博弈分析参考了奥斯特罗姆的《公共事物的治理之道：集体行动制度的演进》的研究思路。

② 农产品良好声誉往往指"优质安全农产品"，故村庄良好声誉治理方案就是基于村庄的农产品质量安全治理方案。

"背叛"策略始终是自己的最优选择。而当两个农户选择"背叛，背叛"策略时，他们的各自获利均为0，集体收益也为0，即在无约束情况下，农户将陷入囚徒困境，无法保护村庄良好声誉，也不能保障农产品质量安全。

表2-3　农产品质量安全两个农户博弈收益矩阵

| | | 农户2 | |
		合作	背叛
农户1	合作	10, 10	-1, 11
	背叛	11, -1	0, 0

2. 中央机构参与的农产品质量安全博弈模型

这里的"中央机构"不是政府机构，而是泛指具有集中控制性质的各类主体，包括但不限于政府监管部门、农产品供应链中心企业、农业龙头企业，甚至农民专业合作社等。当中央机构参与农产品生产后，由中央机构决定最优的生产销售策略：中央机构决定谁能生产销售农产品的数量。假定中央机构对任何一个在它看来是使用"背叛"策略的农户，课以2个单位利润的处罚。再假定中央机构知道村庄农产品最佳生产销售数量（L），并能无成本地发现并惩罚任何使用"背叛"策略的农户。现在两个农户博弈的结论是"合作，合作"，每个农户获得10个单位的利润，同时两个农户实现最佳集体收益，而不再是表2-3所示的两个农户收益均为0，集体收益也为0。如果一个外在的中央机构能够准确地确定村庄农产品的最佳产量，明确无误地安排监督农户生产活动，并对违规者实施制裁，那么中央政府便能够改变表2-3的博弈结局，形成一个对农户集体而言最优的均衡（见表2-4）。此时，创立和维持这样一个中央机构的成本几乎未做考虑，这种成本对于这一问题而言是外生的东西，没有将之作为一个参数纳入农户博弈中来。

表 2 - 4　中央机构介入的两个农户博弈收益矩阵

		农户 2	
		合作	背叛
农户 1	合作	10，10	- 1，9
	背叛	9，- 1	- 2，- 2

事实上，中央机构不太可能在不付出成本的情况下就能获得农户选择策略的准确信息，在缺乏足够信息的情况下，中央机构可能做出各种错误判断，比如确定的村庄最佳产量过高或过低，处罚的金额太多或太少，对"合作"农户进行惩罚或者没有惩罚"背叛"农户，等等。不完全信息将降低中央机构介入的两个农户博弈效果，表 2 - 4 所示的博弈收益是在内在假定中央机构无代价地监督所有农户的生产活动并正确实施制裁的基础之上。

假定中央机构对村庄农产品最佳生产数量具有完全信息，但对农户选择的策略没有完全信息，此时中央机构在实施惩罚方面犯了错误。假定中央机构正确惩罚"背叛"农户的概率为 Y，错误惩罚"合作"农户的概率是 X，则放过"背叛"农户的概率为 $1 - Y$，未对"合作"农户进行惩罚的概率是 $1 - X$。此时，中央机构介入两个农户博弈收益矩阵如表 2 - 5 所示。当 $X = 0$，$Y = 1$ 时，两个农户博弈收益矩阵如表 2 - 4 所示。

表 2 - 5　不完全信息的中央机构介入的两个农户博弈收益矩阵

		农户 2	
		合作	背叛
农户 1	合作	$10 - 2X$，$10 - 2X$	$-1 - 2X$，$11 - 2Y$
	背叛	$11 - 2Y$，$-1 - 2X$	$-2Y$，$-2Y$

当中央机构的行为缺乏完全信息时，假定它正确实施惩罚的概率为 0.7（$X = 0.3$，$Y = 0.7$），此时两个农户博弈收益情况如

表 2 - 6 所示。在这种收益情况下，农户将再次陷入囚徒困境，"背叛"策略将成为每个农户的最优选择，正如表 2 - 3 所示的最初博弈一样，农户的均衡结局是"背叛，背叛"，此时两个农户的均衡收益为（- 1.4，- 1.4），该均衡收益比中央机构未介入时两个农户的均衡收益更低。在本例中，中央机构必须拥有足够的信息，才能保证两种类型错误概率之和小于 0.5，从而避免把农户推向"背叛，背叛"的均衡。

赞同中央机构实施集中控制的人认为，中央机构可以通过各种各样的方法获取足够信息，借助严格执行的惩罚，改变农户的策略选择，产生如表 2 - 4 所示的博弈收益矩阵。但对于中央机构而言，获取准确估算村庄农产品最佳产量和为促使合作行为规定适当的罚金的足够信息，是一件困难的事情。事实上，表 2 - 6 的博弈局面，即不完全信息导致的错误制裁，比现有政策文献中所推测的更为普遍。当要执行的决定由一个外部机构制定，并且这个外部机构还有可能对农户强加了过量的费用时，农户对外部机构的监督者和执行的需求会变得特别强烈。

表 2 - 6 不完全信息的中央机构介入的两个农户博弈收益的一个例子

		农户 2	
		合作	背叛
农户 1	合作	9.4，9.4	- 1.6，9.6
	背叛	9.6，- 1.6	- 1.4，- 1.4

3. 农产品质量安全的农户自主治理博弈模型

由上述分析可知，要保护村庄良好声誉，农户必须达成具有约束性的协议。假定农户自己达成具有约束力的合约，并承诺实行由他们自己制定的"合作"策略，为在一个非合作的构架中表示这种协议，必须将追加选择纳入博弈的结构，表述这种博弈的一种简单方法是在农户回报上加一个参数，并在两个农户的策略组合中增加一个策略。这个参数就是执行合约的费用，用 e 来表示。农户必须事先就农产品生产销售数量进行谈判，重点就如何确定每个农户生产销售农产品的数量和如何分担执行协议所需费用的各种策略进行讨论。只有两个农户都同意的合约才能被执行，此时两个农户博弈的结果如表 2 - 7 所示，两个农户均有两次决策机会，即是否同意合约与是否合作。显然，只有两个农户采取"同意，同意"策略时，才能实现"合作，合作"策略组合，此时，每个农户收益为 $10 - e/2$，集体收益为 $20 - e$，此外其他任何策略组合均存在支配策略，使得农户陷入"背叛，背叛"策略的均衡。

只要我们允许一个私人参与者承担外来执行人的角色，表 2 - 7 所示的村庄良好声誉治理方案，就会产生一组丰富的可供选择的方法。与表 2 - 4 和表 2 - 5 所示博弈相比较，一个由农户自主实施的合约博弈，允许农户对村庄农产品生产销售数量和如何实施该限制做出决定，此时农户比前述表 2 - 4 和表 2 - 5 具有更强的控制。如果农户雇用一个私人仲裁者，他们不会接受该仲裁者强加给自己的任何协议，仲裁者的作用仅仅是执行农户们已经同意的协议。

表 2 - 7 与表 2 - 4、表 2 - 5 的关键区别是，在表 2 - 7 所示的博弈中，农户根据他们手中掌握的信息自行设计合约，年复一年重复生产的农户，对农产品最佳产量拥有更加准确的信息。由于"良好声誉"可以带来产品溢价收益，农户自主治理具有监督违规行为的主观动机，参与农户自主治理的种植户的自我利益能够引导他们相互监督，并惩罚违约农户，从而实现对合约的执行。而一个中央机构必须雇用自己的监督人员，面临如何确保它的监督人员忠于职守这一委托代理问题。

在表 2 - 7 所示的博弈中，农户并不依赖一个身居遥远之处的政府官员所获得的有关他们策略的信息的准确性。如果某个农

户所建议的合约是以不完全的或有偏差的信息为基础，另外一个
农户就会表示不同意。他们决定他们自己的合约，要求执行者执
行的只是他们已经同意了的东西。假如某执行者要求对他的服务
支付过高的费用（大于或等于"合作，合作"－"背叛，背叛"
的单位利润），两个农户都不会同意这样一个合约要求。表 2 - 7
所示的方案，有可能是村庄良好声誉治理，从而保障农产品质量
安全的有效方法，但这种方案无论在政策分析还是在正式的文献
中，几乎完全被忽略了。

表 2 - 7　农产品质量安全的农户自主治理博弈收益矩阵

农户1态度		同意			不同意		
农户2态度	同意	不同意		同意		不同意	
农户2行为	合作	合作	背叛	合作	背叛	合作	背叛
农户1行为 合作	$10 - e/2$, $10 - e/2$	10, 10	-1, 11	10, 10	-1, 11	10, 10	-1, 11
背叛	—	11, -1	0, 0	11, -1	0, 0	11, -1	0, 0

注：农户态度指农户对合约的态度，农户行为指农户采取的行为策略。

（二）农户自主治理影响农产品质量安全控制行为机制分析

本书关注的猕猴桃种植户（农户）自主治理是建立在村庄基
础上，由本村猕猴桃种植户自主参与形成的村民经济合作组织。
猕猴桃种植户（农户）自主治理将分散的猕猴桃种植户组织起
来，明确治理目标并形成约束机制，借助农村社会关系网络，影
响农户生产行为。基于奥斯特罗姆提出的成功的农户自主治理因
素，并结合调研实践情况，本书将讨论农户自主治理特征要素，
包括集体规范、信任关系和监督机制，对农户生产行为的影响，
探讨农户内部机制对农户生产行为的规范作用。

当猕猴桃种植户参与农户自主治理后，集体规范率先对种植
户的猕猴桃生产行为决策产生影响，结合猕猴桃种植户对集体规

范感知的强弱，其生产行为计划可能有两种情况。第一，当种植户感知的农户自主治理集体规范较强时，受集体规范影响，种植户倾向于制订符合集体规范的猕猴桃生产计划，此时，参与农户自主治理的种植户的信任关系开始发挥作用，使得农户出于自身与街坊四邻相互信任的环境而采取符合集体规范的猕猴桃生产行为，伴随种植户彼此采取符合集体规范的生产行为重复次数的增加，成员种植户感知的信任关系变得强烈，从而不断提升对集体规范的认同感，如此农户自主治理将进入良性循环。第二，当种植户感知的农户自主治理集体规范较弱时，种植户生产行为决策可能不受集体规范影响，从而制订不符合集体规范的生产计划，此时，监督机制开始发挥作用，受监督机制的影响，种植户将重新评估自己违规生产行为被村干部农户、中介农户或街坊四邻发现后带来的后果，基于农村社会网络关系，种植户一般不愿意也难以承担这种后果，迫使其不敢采取违规生产行为，最终采取符合集体规范的生产行为。此外，农户自主治理的信任关系受到监督机制的影响，监督机制带来的"威慑力"使得种植户相信街坊四邻将采取符合集体规范的生产行为，从而促进了种植户之间信任关系的建立，有利于良性生产行为的产生和持续。农户自主治理影响农产品质量安全控制行为的机制如图 2-2 所示。

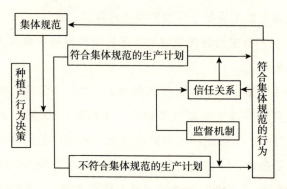

图 2-2　农户自主治理影响农产品质量安全控制行为的机制

（三）农户自主治理影响猕猴桃质量安全控制行为路径机制分析

（1）农户自主治理的集体规范是影响猕猴桃质量安全控制行为的基础要素

通常情况下，种植户感知的集体规范越强烈，其遵守农户自主治理约定的可能性就越大。在参与农户自主治理之前，种植户是独立经营的猕猴桃生产主体，可以自由选择猕猴桃生产行为，而参与农户自主治理后，种植户通过将其认可的猕猴桃生产行为写入集体规范，可以引导大家遵守该规范，自行约束猕猴桃生产行为。比如，某样本村生产的猕猴桃具有"最好"猕猴桃的声誉，该声誉能够为参与农户自主治理的种植户带来额外收益已经成为成员农户的共识，为保护这一声誉，农户能够通过协商达成"在猕猴桃生产过程中增加农家肥和有机肥投入，逐步减少化肥投入，限制每株猕猴桃挂果数"的集体规范，对该集体规范感知越深刻的种植户，往往越能约束自我生产行为。这种集体规范介于法律与道德之间，具有"准法"性质，是成员种植户共同意志的体现，是他们自我管理、自我约束、自我服务以及自我教育的行为准则，具有引导和约束农户生产行为的作用，可以有效地促使种植户遵守集体规范进行猕猴桃生产决策。

（2）农户自主治理的信任关系是影响猕猴桃质量安全控制行为的重要因素

信任关系是个体形成合作的基础，"信任—宽容—理解"是个体合作发展的内在机制（李树业、李雷军，2006）。对于农户自主治理而言，猕猴桃种植户对街坊邻里的信任是形成农户自主治理的必要条件，这种建立在农村"熟人社会"网络之上的，依赖"亲缘"与"血缘"形成的特殊"信任关系"，是促进种植户愿意参与到农户自主治理中来的基础。在农户自主治理形成阶段，村干部农户和中介农户依赖自身社会网络和个体信誉，更容易赢得其他种植户的信任，有利于影响他们加入农户自主治理（罗家德等，2014）；在农户自主治理形成后，信任关系也是促进集体规范制定的重要因素，借助在农村"熟人社会"中多次博弈对街坊邻里的认知，可知信任关系的形成有利于减少种植户机会主义行为，进而促进农户自主治理博弈均衡的实现（黄珺等，2005）。事实上，农户自主治理持续有效运行依赖种植户的积极参与，而影响种植户参与农户自主治理的重要因素就是他们对农户自主治理的态度，特别是对组织成员的信赖程度以及对集体规范的认可程度。从这个意义上讲，信任关系正是促进农户有效合作的重要因素。因此，信任关系能够促使种植户认可并遵循集体规范，促进成员种植户之间的合作和资源共享，防范"搭便车"生产行为的出现，有利于确保农户自主治理稳定、持续发展。

（3）农户自主治理的监督机制是影响猕猴桃质量安全控制行为的关键要素

猕猴桃种植户是理性的经济人，具有追逐经济利益的本性，在没有约束的情况下，每个种植户都有可能成为"搭便车者"，从而成为农户自主治理的破坏者，因此，农户自主治理是否成功取决于监督机制是否有效。本书研究的农户自主治理具有静态社会特征，成员种植户生活在"熟人社会"中，种植户间不仅彼此了解，而且存在重复博弈，在不断重复的过程中，种植户可以获得和积累"个人声誉"。在街坊四邻相互监督的过程中，某种植户采取欺骗行为很容易被发现，借助"熟人社会"网络，该种植户的欺骗行为将很快被广而告之。来自村民的道德谴责将不断给采取欺骗行为的农户施压，如果该农户不纠正欺骗行为，则容易被认定为"信誉差"，很可能被其他种植户边缘化。如果该农户的违规行为给集体利益带来损害的话，会受到村庄其他农户的蔑视、谴责，甚至排挤，该农户将可能长期生存于孤立无助的环境下，很难得到其他农户的帮助。这种建立在重复博弈基础上的"个人声誉"对"搭便车"行为具有威慑力，即使不能直接作用在实施欺骗行为的农户本身，也可以通过"血缘"和"亲缘"关系作用于其家庭成员农户，从而促使家庭成员农户督促其纠正欺骗行为。农户生活在"熟人社会"中，在无限次重复博弈过程中，其会特别重视"个人信誉"，这将促使其立足"长远利益"而约束自身"搭便车"行为（Bonus，1986；黄珺等，2005）。因此这种基于"道德约束"的监督机制具有极端的约束力，能够显著惩罚采取欺骗行为的农户，进而遏制其"搭便车"行为倾向，实现农户自主治理目标。

四 农户自主治理对农产品质量安全及控制行为影响的理论分析框架

农户自主治理为农产品质量安全源头治理提供了新的视角，基于农村"熟人社会"关系建立的农户自主治理，能够影响农产品质量安全和农产品质量安全控制行为。基于上述机制分析，并结合调研实践，本书以陕西省猕猴桃种植户为例，构建了农户自主治理与农产品质量安全分析框架，目标是对"农户自主治理是否能够保障农产品质量安全？农户自主治理是否对农产品质量安全控制行为产生影响？农户自主治理影响农产品质量安全控制行为的路径如何？"三个问题做出回答。该理论分析框架具体包括下述三个部分（见图2-3）。第一，检验农户自主治理是否对猕猴桃质量安全产生影响。结合选择的猕猴桃质量安全变量（因变量）特征，选择双变量 Probit 模型和有序 Probit 模型，检验农户自主治理是否对猕猴质量安全存在显著影响。第二，检验农户自主治理是否对猕猴桃种植户质量安全控制行为产生影响。将猕猴桃种植户农资投入行为、猕猴桃安全控制行为和猕猴桃品质控制行为作为猕猴桃种植户质量安全控制行为的代理变量，利用 PSM

模型为参与农户自主治理的种植户从其他种植户中选择配对种植户，进而比较配对后两组种植户质量安全控制行为的差异，来检验农户自主治理是否可以促进种植户对质量安全控制行为的采纳。第三，探索农户自主治理影响猕猴桃质量安全控制行为的路径。选择猕猴桃种植户部分质量安全控制行为作为因变量，选择农户自主治理特征因素（集体规范、信任关系、监督机制等）作为自变量，构建 SEM 模型，探索对猕猴桃种植户质量安全控制行为产生影响的农户自主治理特征要素，从而为猕猴桃种植户（农户）自主治理方案设计提供支持。此外，基于调研数据，本书还对陕西省猕猴桃质量安全、控制行为与农户自主治理现状进行分析，以获取样本区域猕猴桃种植户基本特征、猕猴桃质量安全基本特征、猕猴桃质量安全控制行为基本特征以及猕猴桃种植户（农户）自主治理概况，从全貌了解样本区域猕猴桃种植户生产经营的基本情况。

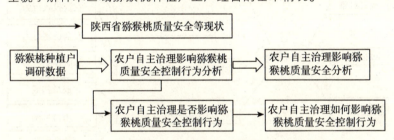

**图 2 - 3　农户自主治理对农产品质量安全及控制行为
影响的理论分析框架**

（一）陕西省猕猴桃质量安全、控制行为与农户自主治理现状

本部分将对陕西省猕猴桃质量安全、控制行为与农户自主治理现状进行说明。首先，对实地调研数据来源进行说明，包括调研对象的选择、调研问卷设计的思路以及调研样本点的选择；然后，基于调研数据，运用统计分析法，分析猕猴桃种植户概况（包括猕猴桃种植户特征、猕猴桃种植特征以及猕猴桃生产经营

特征三个方面）、猕猴桃质量安全特征（包括猕猴桃安全属性特征和品质属性特征）、猕猴桃质量安全控制行为（包括农资投入行为、安全控制行为和品质控制行为），以及农户自主治理概况（包括成员构成、运行机制和特征要素）。对上述内容均选择多个变量进行分析，以猕猴桃种植户安全控制行为为例，包括农药使用前控制行为（休药期认知、防治效果关注度和农药残留关注度三个具体变量）、使用过程控制行为（是否采用低毒农药、是否接受农药使用指导、休药期控制、农药浓度控制和农药残留控制五个具体变量），以及使用后效果评价等三部分。本部分分析思路如图 2 - 4 所示。

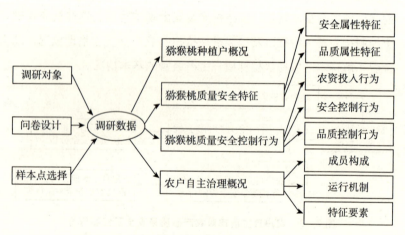

图 2 - 4 陕西省猕猴桃质量安全、控制行为与农户
自主治理现状的分析框架

（二）农户自主治理对猕猴桃质量安全的影响

本部分内容将检验农户自主治理是否对猕猴桃质量安全产生影响。选择猕猴桃是否获得三品一标认证、猕猴桃等级规格、猕猴桃质量水平以及猕猴桃农药残留作为猕猴桃质量安全的代理变量，选择种植户户主特征、家庭特征以及土地禀赋作为控制变量，通过构建计量模型检验种植户组织环境（农户自主治理、合

作社或龙头企业、政府示范园）是否对猕猴桃质量安全产生显著
影响。其中，使用双变量 Probit 模型进行检验的变量包括是否参与
农户自主治理和获得三品一标认证，是否参与农户自主治理与猕猴
桃质量水平；使用有序 Probit 模型进行检验的变量有猕猴桃等级规
格和猕猴桃农药残留。本部分分析思路如图 2－5 所示。本部分选
择合作社或龙头企业、政府示范园作为农户自主治理的比较变量，
通过比较不同组织环境对农产品质量安全的影响，有助于准确把握
农户自主治理在猕猴桃质量安全方面发挥的作用。

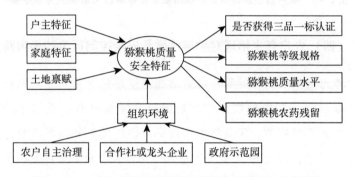

图 2－5　农户自主治理对猕猴桃质量安全影响的分析框架

（三）农户自主治理对猕猴桃质量安全控制行为的影响

本部分内容将检验参与农户自主治理后种植户的质量安全控
制行为是否发生显著改变。结合调研数据特点，本部分选择 PSM
模型进行估计，首先依据协变量（户主特征、家庭特征和土地禀
赋）对猕猴桃种植户进行分组，然后通过 PSM 模型为参与农户自
主治理的种植户在其他农户中选择或构建配对种植户，最后通过
比较参与农户自主治理的种植户匹配前后生产行为的差异来验证
农户自主治理是否对种植户质量安全控制行为产生影响，分析思路
如图 2－6 所示。本部分选择农资投入行为、安全控制行为和品质
控制行为等作为猕猴桃种植户质量安全控制行为的代理变量，而
每组生产行为均有数个变量进行表示，PSM 模型比较结果将发

现，种植户参与农户自主治理后的哪些质量安全控制行为发生变化以及变化的方向。

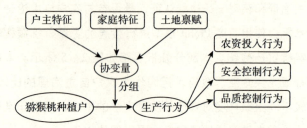

图 2 - 6 农户自主治理对猕猴桃质量安全控制行为影响的分析框架

（四）农户自主治理对猕猴桃质量安全控制行为的影响路径

本部分内容将检验农户自主治理对猕猴桃质量安全控制行为的影响路径。考虑到农户自主治理特征要素具有主观态度的特点，难以直接观测，因此将集体规范、信任关系和监督机制设为外源潜变量，利用 SEM 模型验证其对种植户质量安全控制行为的影响路径，同时因变量部分也将考虑农户质量安全控制行为的安全控制行为和品质控制行为两个内源潜变量，分析思路如图 2 - 7所示。本部分通过实证分析，可以明确究竟哪个特征要素对猕猴桃质量安全控制行为具有显著影响以及作用方向如何，有利于为农户自主治理方案设计提供理论支持。

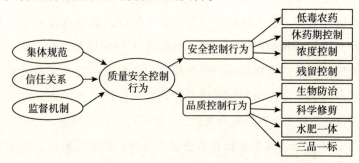

图 2 -7 农户自主治理对猕猴桃质量安全控制行为
影响路径的分析框架

五 本章小结

本章是全书的理论基础。首先，界定了农产品质量安全、农户（农产品）质量安全控制行为和农户自主治理的概念，并比较了农户自主治理与农民专业合作社的异同，有利于对农户自主治理概念的理解；其次，分析了农户自主治理影响农产品质量安全的机制，具体包括农户自主治理影响农产品质量安全的分析和农户自主治理影响农户（农产品）质量安全控制行为的分析（农户自主治理对猕猴桃质量安全控制行为影响的分析，农户自主治理特征要素对猕猴桃质量安全控制行为影响的分析）；最后，结合研究对象，提出本书理论分析框架，包括四个部分，即陕西省猕猴桃质量安全、控制行为与农户自主治理现状的分析框架，农户自主治理对猕猴桃质量安全影响的分析框架、农户自主治理对猕猴桃质量安全控制行为影响的分析框架和农户自主治理对猕猴桃质量安全控制行为影响路径的分析框架，从而实现为后续章节实证分析奠定理论基础的目的。

陕西省猕猴桃质量安全、控制行为与农户自主治理现状分析

本章将对陕西省猕猴桃质量安全、控制行为与农户自主治理现状进行说明，介绍实地调研数据获取方式，包括调研对象的选择、调研问卷设计的思路以及调研样本点的选择，随后基于调研数据，运用统计分析法，从四个方面进行分析：第一，分析样本猕猴桃种植户的基本情况，包括户主基本特征、样本种植户家庭特征、土地禀赋特征以及猕猴桃生产经营特征等方面；第二，分析样本种植户生产的猕猴桃质量安全情况，包括猕猴桃是否获得三品一标认证、猕猴桃等级规格、质量水平以及农药残留情况等方面；第三，分析猕猴桃质量安全控制行为基本情况，包括猕猴桃安全控制行为采纳情况、猕猴桃品质控制行为采纳情况以及猕猴桃品质控制技术采纳行为等方面；第四，分析猕猴桃种植户形成的农户自主治理情况，包括农户自主治理成员构成、农户自主治理形成运行机制以及农户自主治理特征要素等方面。上述分析可为后续章节的实证分析奠定基础。

一 数据来源

（一）调研对象

2016 年秋季，依托西北农林科技大学基本科研人文社会科学重点课题"区域果品生产质量自组织控制有效性及其运行机理研

究"，课题组对陕西省关中地区的猕猴桃种植户进行大规模的田野调研。本书之所以选择陕西省猕猴桃种植户为研究对象，是因为近年来我国猕猴桃产业发展迅速，已经形成八大猕猴桃特色产区，其中陕西省关中地区被称为"中国猕猴桃之乡"，猕猴桃种植面积和产量约占世界的1/3和全国的1/2。然而国内猕猴桃质量欠佳，特别是膨大剂的使用使猕猴桃在外观上体积增大，但造成口味、耐藏性明显下降，导致猕猴桃质量安全水平难以提高。尽管政府不断出台相关政策，但以滥用膨大剂为代表的违规生产行为仍难以遏制，这对猕猴桃质量安全造成危害。因此探索保障猕猴桃质量安全的新途径对我国猕猴桃产业发展具有重要意义。此外，陕西省关中地区具有悠久的猕猴桃种植历史，经过长期发展，样本区域不同村庄在猕猴桃质量安全"声誉"方面呈现差异化，拥有"良好声誉"村庄的农户自主治理基础较好，种植户参与农户自主治理的意愿较强，有利于农户自主治理数据的获取，可以为实证分析提供充足的样本农户数量。

（二）问卷设计

为充分了解猕猴桃种植户生产行为特征，课题组设计了"猕猴桃种植户生产行为调查问卷"，该问卷主要内容分成八个部分：第一部分为猕猴桃种植户家庭基本情况，包括户主性别、年龄、文化程度、是否兼业，样本猕猴桃种植户家庭人口、劳动力数量、劳动时间等；第二部分为猕猴桃种植户生产经营情况，包括耕地面积、猕猴桃种植面积，耕地块数、是否承包耕地、耕地地理位置，种植猕猴桃年限，猕猴桃品种及更换情况、商品果的销售情况、猕猴桃收入占比，猕猴桃种植投入（肥料、农药、灌溉）情况、劳动力投入情况、猕猴桃建园投资情况、专用设备投资情况，猕猴桃种植技术采用情况，猕猴桃种植问题及解决方式；第三部分为猕猴桃种植户对质量安全认知情况，包括猕猴桃是否通过三品一标认证（无公害农产品、绿色食品、有机农产品和农产品地理标志）、猕猴桃品质水平（果实形状、颜色、破伤、重量、硬度、口感）、猕猴桃品质标准（干物质）、猕猴桃质量安全控制行为（膨大剂使用、农药使用、有机肥使用、农家肥使用等）；第四部分为猕猴桃种植户组织化情况，包括猕猴桃种植专业合作社、龙头企业和猕猴桃示范园在猕猴桃种植过程中发挥的作用（提供农资、技术支持、销售服务等）；第五部分为猕猴桃种植技术情况，包括猕猴桃种植户技术需求、农技人员下田头开展技术指导、是否参加过技术培训等；第六部分是猕猴桃种植过程中的政府作用，包括资金支持、政府行为角色（种植过程、销售过程）、政府监管、地理标志相关政策法规等；第七部分是农户对猕猴桃区域品牌的认知，包括是否知道或了解猕猴桃区域品牌，对猕猴桃区域品牌价值认知，对猕猴桃区域品牌生产标准、质量安全控制标准的认知，是否担心假冒品牌猕猴桃，生产区域品牌猕猴桃对农户收入成本影响的认知；第八部分是猕猴桃村庄治理环境情况，包括农户自主治理基本特征要素数量化调研问题。本研究使用的"猕猴桃种植户生产行为调查问卷"见附录。

（三）样本点的选择

为保证田野调研的科学性、合理性，本书选择样本农户时采用随机抽样方法。根据调研区域猕猴桃产业发展水平，结合猕猴桃种植户数量特征，选择猕猴桃区域品牌"周至猕猴桃"和"眉县猕猴桃"种植村为样本点进行田野调查。周至县是关中地区传统优势猕猴桃种植区域，猕猴桃产业基础雄厚，猕猴桃种植户众多，种植规模巨大且集中度高，已经形成"一镇一品，一村一品"的产业布局，基于此，调研组重点调查了猕猴桃种植户众多的楼观镇、马召镇和司竹镇3镇30个自然村，回收问卷400份，其中有效问卷395份，问卷有效率为98.75%；眉县是关中地区新兴发展的猕猴桃种植区域，猕猴桃产业发展迅猛，种植户数量快速增加，但种植集中度不高，基于此，调研组以种植户相对集中的自然村为基础，重点调查了横渠镇、槐芽镇、金渠镇、齐镇、首善镇、汤峪镇和营头镇 7 镇 22 个自然村，回收问卷 350 份，其中有效问卷 341 份，问卷有效率为 97.43%。课题组共计发放 750 份调查问卷，回收有效问卷 736 份，样本点及有效问卷回收分布情况如表 3-1 所示。

表 3-1 数据来源及样本种植户分布情况

区域品牌	乡镇	自然村	样本数
周至猕猴桃	楼观镇	焦镇村、界尚村、军寨（54）*、鹿马村、上三清村、三家庄（50）*、宋村、送兵村、西楼村、西楼观村、下三清村、姚村、周一村	141 + 104
	马召镇	东富饶村、红新村、枣林村（南枣）、群三兴村、群兴村、仁烟村、三家庄、西富饶村、辛口村、枣林村（北枣）	85
	司竹镇	北淇水村、北司竹村、李王寨、马村、马坊村、宋家村、油坊头	62
眉县猕猴桃	横渠镇	豆家堡、横渠村、齐家堡村	50
	槐芽镇	保安堡、西街村、肖里沟村	43
	金渠镇	红新村（24）*、教坊村	9 + 24
	齐镇	上西铭村、西铭村、下西铭村	35
	首善镇	第五村、葫芦峪村、王长官寨、杨千户寨、岳陈村	74
	汤峪镇	郑家堡、屯庄村、闫家堡	76
	营头镇	第二坡村、红崖头村、上第二坡村	33
合计	10	52	736

注：* 表示农户自主治理村庄，括号中数字为样本农户数。

这里需要说明的是，周至猕猴桃种植区域集中度高，楼观镇、马召镇和司竹镇是猕猴桃种植最集中的地区，其他镇还大量发展了花卉和其他水果种植；眉县猕猴桃种植规模较大且分散，几乎每个镇每个村都在种植猕猴桃。因此，两县的样本乡镇数量不等，但样本村数量相当。此外，考虑到猕猴桃种植户往往依赖自身经验进行猕猴桃生产，大部分种植户没有记录猕猴桃种植成本收益的习惯，为保证调研数据的真实可靠性，课题组仅选取样本农户 2015 年和 2016 年猕猴桃种植数据。就调研情况来看，同区域的样本农户多选择相同的猕猴桃品种进行种植，而不同区域的样本农户对猕猴桃品种选择多有不同，然而猕猴桃的种植过程几乎相同，从冬季施基肥开始，猕猴桃生产多经历剪枝、人工授粉、浇水施肥、疏花疏果，直至最后采摘的过程，不同品种猕猴桃的差异主要体现在水肥、产量和价格方面。本研究关注农户自主治理对猕猴桃种植户生产行为的影响，而上述因素对其并不产生影响，因此，课题组调研过程中并未刻意区分猕猴桃品种，而是将不同品种的猕猴桃生产行为数据进行合并处理。

二　猕猴桃种植户概况分析

（一）猕猴桃种植户基本特征

（1）猕猴桃种植户户主特征统计描述

从表 3-2 可知：受访猕猴桃种植户户主以男性为主，有 700 人（95.11%），女性户主仅 36 人（4.89%）；从文化程度来看，总体水平偏低，大部分受访户主仅接受中小学及以下教育，其中有 364 人（49.46%）为初中文化水平，有 242 人（32.88%）为小学及以下文化水平，而有高中教育经历和大专及以上教育经历的人数分别仅为 117 人（15.90%）和 13 人（1.77%）；从年龄来看，猕猴桃种植户的年龄偏大，目前 46~55 岁的农户是猕猴桃种植的中坚力量，有 314 人（42.66%），而 56 岁及以上的猕猴桃种植户数量远远多于 45 岁及以下的猕猴桃种植户数量，前者为 238 人（32.34%），后者为 184 人（25.00%），其中 35 岁及以下的猕猴桃种植户仅 32 人，占比不足 5%；从猕猴桃种植年限来看，受访户主大多种植经验丰富，其中450人（61.14%）拥有6～15年的种植经验，203人（27.58%）拥有15年以上的种植经验，而种植经验在5年及以下的仅有83人（11.28%）；另外，223人（30.30%）有除猕猴桃种植以外的兼业收入，而513人（69.70%）无兼业收入。

表3-2　样本猕猴桃种植户户主特征统计

项目		样本数（人）	占比（%）	项目		样本数（人）	占比（%）
性别	男性	700	95.11	年龄	35岁及以下	32	4.35
	女性	36	4.89		36～45岁	152	20.65
文化程度	小学及以下	242	32.88		46～55岁	314	42.66
	初中	364	49.46		56～65岁	170	23.10
	高中	117	15.90		65岁以上	68	9.24
	大专及以上	13	1.77	种植年限	5年及以下	83	11.28
是否兼业	有兼业	223	30.30		6～15年	450	61.14
	无兼业	513	69.70		15年以上	203	27.58

注：本书定义的兼业是指有除猕猴桃种植收入外的持续稳定的收入来源，如果受访农户利用冬季农闲时间打零工获得收入，本书不计入兼业。

资料来源：根据调研数据整理。

（2）猕猴桃种植户家庭情况统计分析

表3-3显示了猕猴桃种植户的家庭情况：受访猕猴桃种植户家庭人口以4～5人为主（56.11%），其次为6～7人和3人及以下，分别有194户（26.36%）和109户（14.81%），8人及以上仅20户（2.72%）；从家庭劳动力数量来看，约49.86%的猕猴桃种植户的劳动力数量在2人及以下，劳动力数量为3人和4人的种植户分别占22.96%和21.33%，劳动力数量在5人及以上的家庭占5.84%；从猕猴桃收入占比来看，有66.04%的家庭猕猴桃收入占比超过50%，其中收入占比大于80%的有272户（36.96%），收入占比在20%～50%的有208户（28.26%），收

入占比不足 50% 的共 250 户（33.97%），其中在 20% 及以下的有 42 户（5.71%）；从猕猴桃劳动时间来看，猕猴桃种植以家庭劳动为主，其中，劳动时间男女持平比例最高，为 49.18%，其次是男性为主，为 27.72%，雇用为主最少，仅占 0.27%。

表 3 - 3   样本猕猴桃种植户家庭情况统计

项目		样本数（户）	占比（%）	项目		样本数（户）	占比（%）
家庭人口	3 人及以下	109	14.81	收入占比	80% 以上	272	36.96
	4~5 人	413	56.11		50%~80%	214	29.08
	6~7 人	194	26.36		20%~50%	208	28.26
	8 人及以上	20	2.72		20% 及以下	42	5.71
劳动力数量	2 人以下	367	49.86	劳动时间	男性为主	204	27.72
	3 人	169	22.96		女性为主	168	22.83
	4 人	157	21.33		男女持平	362	49.18
	5 人及以上	43	5.84		雇用为主	2	0.27

资料来源：根据调研数据整理。

（3）猕猴桃种植户耕地情况统计分析

表 3 - 4 显示猕猴桃种植户经营耕地情况，总体来看，受访猕猴桃种植户平均耕地面积 5.40 亩，最小面积 1 亩，最大面积 20 亩；平均耕地块数 2.97 块，最小 1 块，最大 9 块；有 12.05% 的农户承包他人耕地。就周至县而言，农户平均耕地面积 4.99 亩，其中楼观镇农户平均耕地面积最大，为 5.43 亩，司竹镇农户平均耕地面积最小，为 3.50 亩；农户平均耕地块数 2.91 块，其中楼观镇耕地块数最多，马召镇耕地块数最少，分别为 3.16 块和 2.56 块；约有 11.34% 的农户承包他人耕地，其中马召镇比例最高，为 18.24%，楼观镇比例最低，为 8.63%。就眉县来看，农户平均耕地面积 5.83 亩，其中首善镇农户平均耕地面积最大，为 6.78 亩，金渠镇农户平均耕地面积最小，为 4.76 亩；农户平

均耕地块数 3.03 块,营头镇耕地块数最多,齐镇耕地块数最少,分别为 3.55 块和 2.54 块;约有 12.80% 的农户承包他人耕地,其中首善镇比例最高,为 16.22%,汤峪镇比例最低,为 9.21%。

表 3 - 4　样本猕猴桃种植户耕地情况统计

区域品牌	乡镇	耕地面积(亩)	最小	最大	耕地块数(块)	最小	最大	承包占比(%)
周至猕猴桃	小计	4.99	1	15	2.91	1	9	11.34
	楼观镇	5.43	1	14	3.16	1	9	8.63
	马召镇	5.07	2	15	2.56	1	6	18.24
	司竹镇	3.50	1.2	10	2.61	1	5	10.48
眉县猕猴桃	小计	5.83	1.1	20	3.03	1	7	12.80
	横渠镇	6.38	2	16	3.38	2	7	16.00
	槐芽镇	5.09	1.5	9	2.79	1	5	9.30
	金渠镇	4.76	1.1	8	2.71	1	5	11.76
	齐镇	4.78	3	8.8	2.54	1	4	11.43
	首善镇	6.78	2	20	3.11	1	7	16.22
	汤峪镇	5.72	1.6	15	2.92	1	7	9.21
	营头镇	5.77	2.8	15	3.55	1	7	15.15
总计		5.40	1	20	2.97	1	9	12.05

资料来源:根据调研数据整理。

(4)猕猴桃种植户猕猴桃园地理位置及其是否适合统计分析

表 3 - 5 显示调研区域猕猴桃园地理位置信息。总体来看,调研区域猕猴桃园以平地为主,占比 68.18%;其次为河滩地,占比 25.07%;坡地最少,仅有 6.74%。就周至县来看,平地占比低于总体,为 60.08%;而河滩地次之,为 36.05%;坡地最少,为 3.87%。其中,马召镇平地比例最高,为 85.88%;司竹镇河滩地和坡地比例均最高,分别为 84.31% 和 9.15%。而眉县平地占比高于总体,为 78.05%;坡地和河滩地基本持平,分别为 10.24% 和 11.71%。其中,齐镇和营头镇全部为平地;而槐芽镇

河滩地占比最高，为 24.71%；金渠镇坡地占比最高，为 36.00%。

表 3 - 5 样本猕猴桃种植户猕猴桃园地理位置统计

单位：%

区域品牌	乡镇	坡地	平地	河滩地	总计
周至猕猴桃	小计	3.87	60.08	36.05	100
	楼观镇	2.11	69.01	28.87	100
	马召镇	3.53	85.88	10.59	100
	司竹镇	9.15	6.54	84.31	100
眉县猕猴桃	小计	10.24	78.05	11.71	100
	横渠镇	10.99	85.71	3.30	100
	槐芽镇	9.41	65.88	24.71	100
	金渠镇	36.00	64.00	0.00	100
	齐镇	0.00	100.00	0.00	100
	首善镇	18.32	61.07	20.61	100
	汤峪镇	8.16	77.55	14.29	100
	营头镇	0.00	100.00	0.00	100
总计		6.74	68.18	25.07	100

资料来源：根据调研数据整理。

表 3 - 6 是受访种植户对猕猴桃园地理位置是否适合的评价结果。从总体来看，大部分受访种植户认为猕猴桃园适合种植猕猴桃，其中，认为非常适合的有 73.81%，认为比较适合的有24.55%，而认为不适合的仅 1.64%。就周至县情况而言，认为非常适合和比较适合的分别为 78.20% 和 20.06%，认为不适合的仅1.74%。其中，司竹镇受访种植户认为非常适合和比较适合的比例为100%；其次为马召镇，占比 98.83%；楼观镇比例最低，为 97.46%。而眉县受访种植户中，认为非常适合的有 69.21%，认为比较适合的有 29.27%，认为不适合的有 1.52%。其中金渠镇、齐镇、汤峪镇和营头镇受访种植户认为非常适合和比较适合的比例均为 100%；其次为横渠镇，占比 98.00%；首善镇比例最低，为 95.95%。

表 3 - 6　样本猕猴桃种植户猕猴桃园地理位置是否适合统计

单位：%

区域品牌	乡镇	非常适合	比较适合	不适合	总计
周至 猕猴桃	小计	78.20	20.06	1.74	100
	楼观镇	78.17	19.29	2.54	100
	马召镇	81.18	17.65	1.18	100
	司竹镇	74.19	25.81	0.00	100
眉县 猕猴桃	小计	69.21	29.27	1.52	100
	横渠镇	80.00	18.00	2.00	100
	槐芽镇	79.07	18.60	2.33	100
	金渠镇	88.24	11.76	0.00	100
	齐镇	94.29	5.71	0.00	100
	首善镇	56.76	39.19	4.05	100
	汤峪镇	55.26	44.74	0.00	100
	营头镇	63.64	36.36	0.00	100
总计		73.81	24.55	1.64	100

资料来源：根据调研数据整理。

（二）猕猴桃种植基本特征

表 3 - 7 是样本农户猕猴桃种植情况统计。从总体来看，受访农户平均种植面积为 4.90 亩，属于政府示范园的比例为 10.42%，猕猴桃亩均产量为 2626.51 千克，亩均收入为 5965.74 元，农户平均种植 1.65 个猕猴桃品种，大约 25.30% 的农户希望更换猕猴桃品种。就周至县情况而言，平均种植面积为 4.70 亩，属于政府示范园的比例仅为 4.36%，亩均产量为 3092.39 千克，亩均收入为 6499.41 元，户均种植 1.63 个猕猴桃品种，有换种意愿的农户占比 29.36%。而眉县受访农户平均种植面积为 5.11 亩，属于政府示范园的比例为 16.77%，亩均猕猴桃产量为 2176.98 千克，亩均收入为 5450.66 元，户均种植 1.67 个猕猴桃品种，有换种意愿的农户占比 21.04%。综上可知，周至县户均种植面积、属于政府

示范园的比例均明显低于眉县，但亩均产量和亩均收入高于眉县。这与周至县是猕猴桃传统种植区域，而眉县是政府强力推动猕猴桃种植的基本事实相符，尤其是政府示范园建设，眉县是周至县的约4倍，由此可知眉县政府打造"眉县猕猴桃"品牌的意愿强烈，但是从亩均产量和亩均收入来看，周至县的传统种植优势明显，而眉县提升空间仍然巨大。

表 3-7　样本农户猕猴桃种植情况统计

区域品牌	乡镇	种植面积（亩）	政府示范园（%）	产量（千克/亩）	收入（元/亩）	品种（个）	换种意愿（%）
周至猕猴桃	小计	4.70	4.36	3092.39	6499.41	1.63	29.36
	楼观镇	5.29	4.57	3267.52	7320.37	1.82	30.96
	马召镇	4.36	4.71	2268.96	4370.01	1.42	41.18
	司竹镇	3.29	3.23	3695.09	6176.76	1.27	8.06
眉县猕猴桃	小计	5.11	16.77	2176.98	5450.66	1.67	21.04
	横渠镇	4.73	22.00	1897.32	4477.44	1.70	32.00
	槐芽镇	4.29	25.58	2864.94	6884.28	1.56	16.28
	金渠镇	4.82	11.76	2785.43	6364.11	1.53	5.88
	齐镇	4.70	5.71	2722.67	6246.96	1.51	17.14
	首善镇	6.15	12.16	1534.79	4501.21	1.59	27.03
	汤峪镇	4.99	19.74	2251.73	6017.64	1.78	11.84
	营头镇	5.32	15.15	2523.60	5281.16	1.91	30.30
总计		4.90	10.42	2626.51	5965.74	1.65	25.30

资料来源：根据调研数据整理。

三　猕猴桃质量安全概况分析

（一）猕猴桃安全属性分析

表 3-8 显示猕猴桃质量安全情况。在对"您的猕猴桃有没有通过认证?"的回答中，总体上约 13.54% 的农户选择猕猴桃通过"三品认证"。周至县均值为 13.95%，其中，司竹镇通过认证

的比例最高，为 20.97%；马召镇通过认证的比例最低，为 10.59%。而眉县均值为 13.11%，其中，金渠镇通过认证的比例最高，为 23.53%；齐镇通过认证的比例最低，为 8.57%。总体上有 20.68% 的农户选择通过猕猴桃地理标志认证。通过"周至猕猴桃"认证的农户有 18.60%，其中，楼观镇通过认证的比例最高，为 20.81%；司竹镇通过认证的比例最低，为 9.68%。而通过"眉县猕猴桃"认证的农户的比例略高于"周至猕猴桃"，有 22.87%，其中，槐芽镇通过认证的比例最高，为 55.81%；横渠镇通过认证的比例最低，为 12.00%。

在对"您家猕猴桃主要属于哪个等级规格？"的回答中，总体评分均值达到 2.14 分，处于"一级"和"特级"之间水平。周至猕猴桃评分均值为 2.21 分，其中，楼观镇评分最高，为 2.22 分；司竹镇评分最低，为 2.15 分。而眉县猕猴桃评分均值为 2.07 分，其中，金渠镇评分最高，为 2.41 分；槐芽镇评分最低，为 1.84 分，处于"一级"和"二级"之间水平。综上可知，周至猕猴桃等级规格略高于眉县猕猴桃，而眉县金渠镇猕猴桃评分最高，眉县槐芽镇猕猴桃评分最低。

为获取采购商对猕猴桃质量的评价，本书设计了"质量水平"变量，该变量基于猕猴桃种植户生产实践判断猕猴桃质量水平，以"商品果"和"次品果"对猕猴桃质量进行分类，凡是猕猴桃果实中没有"次品果"的取值为 1，反之取值为 0。由表3-8 可以看出，猕猴桃总体质量水平为 24.26%，即总体样本中约 1/4 的农户猕猴桃果实中没有次品果。周至猕猴桃质量水平均值为 24.42%，其中，司竹镇质量水平最高，为 48.39%；马召镇质量水平最低，为 18.82%。而眉县猕猴桃质量水平均值为 24.09%，其中，槐芽镇猕猴桃质量水平最高，为 53.49%；营头镇猕猴桃质量水平最低，为 3.03%。综上可知，质量水平变量判断标准和猕猴桃等级规格判断标准基本一致，即周至猕猴桃质量略好于眉县猕猴桃，而眉县槐芽镇猕猴桃质量仍为最好。

在对"您最后一次使用农药距采摘猕猴桃的时间？"的回答中，总体评分均值为 1.92 分，接近"轻度残留"的水平。周至猕猴桃评分均值为 2.05 分，略高于"轻度残留"的水平，其中，楼观镇评分最高，为 2.09 分；司竹镇评分最低，为 1.98 分。眉县猕猴桃评分均值为 1.79 分，显著低于"轻度残留"的水平，其中，金渠镇评分最高，为 2.35 分；营头镇评分最低，为 1.52 分。综上可知，周至猕猴桃农药残留程度较低且差异较小，而眉县猕猴桃农药残留程度较高且差异较大。

表 3 - 8　样本农户猕猴桃质量安全情况统计

区域品牌	乡镇	三品认证（%）	地标使用（%）	等级规格（分）	质量水平（%）	农药残留（分）
周至猕猴桃	小计	13.95	18.60	2.21	24.42	2.05
	楼观镇	13.20	20.81	2.22	19.29	2.09
	马召镇	10.59	20.00	2.21	18.82	2.01
	司竹镇	20.97	9.68	2.15	48.39	1.98
眉县猕猴桃	小计	13.11	22.87	2.07	24.09	1.79
	横渠镇	12.00	12.00	2.14	18.00	1.78
	槐芽镇	18.60	55.81	1.84	53.49	1.79
	金渠镇	23.53	29.41	2.41	35.29	2.35
	齐镇	8.57	25.71	2.11	22.86	2.03
	首善镇	12.16	13.51	2.20	17.57	1.64
	汤峪镇	9.21	21.05	1.95	25.00	1.83
	营头镇	18.18	15.15	2.06	3.03	1.52
总计		13.54	20.68	2.14	24.26	1.92

注：三品认证是指无公害农产品、绿色食品和有机农产品认证。猕猴桃等级规格情况：特级 = 3 分，一级 = 2 分，二级 = 1 分。地标使用即通过了地理标志认证。农药残留情况：无残留 = 3 分，轻度残留 = 2 分，重度残留 = 1 分。

资料来源：根据调研数据整理。

表 3 - 9 左侧展示了猕猴桃等级规格的进一步分析结果。总体而言，样本种植户猕猴桃特级果占比 23.07%，一级果占比

46.28%，二级果占比 30.65%。从县域差异来看，周至县特级果占比（29.94%）高于眉县（15.85%），而眉县的一级果和二级果占比（47.26% 和 36.89%）均高于周至县（45.35% 和 24.71%）。从样本镇差异来看，金渠镇和齐镇的特级果比重较高，分别为47.06% 和 42.86%；汤峪镇和马召镇的一级果比重较高，分别为75.00% 和 63.53%；而首善镇和营头镇的二级果比重较高，分别为45.95% 和 60.61%。上述分析说明，样本种植户猕猴桃等级规格以一级果为主，周至县特级果均值占比高于眉县，且周至猕猴桃等级规格差异较小；而眉县特级果样本差异较大，金渠镇特级果占比远高于样本种植户均值，同时营头镇二级果比重远高于样本种植户均值。

表 3 - 9 右侧展示了猕猴桃农药残留程度的进一步分析结果。总体而言，样本种植户猕猴桃农药无残留、轻度残留和重度残留占比分别为 34.82%、44.49% 和 20.68%。从县域差异来看，周至猕猴桃无残留占比 41.57%、轻度残留占比 37.50%、重度残留占比 20.93%，而眉县分别为 27.74%、51.83% 和 20.43%。从样本镇差异来看，金渠镇农药无残留比重最高，为 52.94%；横渠镇轻度残留比重最高，为 62.00%；槐芽镇重度残留比重最高，为34.88%。上述分析说明，约三分之一的种植户对猕猴桃农药残留足够重视，能够保障采摘时猕猴桃无农药残留；近一半的种植户仍存在提前（未过农药安全期）采摘猕猴桃的现象；另约五分之一的种植户对猕猴桃农药残留重视程度不足，安全期间隔过短。

表 3 - 9　样本种植户猕猴桃等级规格和农药残留程度详情统计

单位：%

区域品牌	乡镇	猕猴桃等级规格				猕猴桃农药残留			
		特级	一级	二级	合计	无残留	轻度残留	重度残留	合计
周至猕猴桃	小计	29.94	45.35	24.71	100	41.57	37.50	20.93	100
	楼观镇	34.01	41.12	24.87	100	43.15	36.04	20.81	100

区域品牌	乡镇	猕猴桃等级规格				猕猴桃农药残留			
		特级	一级	二级	合计	无残留	轻度残留	重度残留	合计
周至猕猴桃	马召镇	18.82	63.53	17.65	100	40.00	41.18	18.82	100
	司竹镇	32.26	33.87	33.87	100	38.71	37.10	24.19	100
眉县猕猴桃	小计	15.85	47.26	36.89	100	27.74	51.83	20.43	100
	横渠镇	14.00	50.00	36.00	100	26.00	62.00	12.00	100
	槐芽镇	18.60	41.86	39.53	100	18.60	46.51	34.88	100
	金渠镇	47.06	41.18	11.76	100	52.94	35.29	11.76	100
	齐镇	42.86	17.14	40.00	100	31.43	48.57	20.00	100
	首善镇	9.46	44.59	45.95	100	32.43	55.41	12.16	100
	汤峪镇	3.95	75.00	21.05	100	19.74	55.26	25.00	100
	营头镇	12.12	27.27	60.61	100	33.33	39.39	27.27	100
总计		23.07	46.28	30.65	100	34.82	44.49	20.68	100

资料来源：根据调研数据整理。

（二）猕猴桃品质属性分析

本书通过在调查问卷第三部分中设置"问题4"[①]来进一步了解猕猴桃品质特征，包括猕猴桃形状、外观、重量和硬度四个方面，结果如表3-10和表3-11所示。

表3-10的左侧展示了猕猴桃形状特征基本情况。总体来看，样本种植户猕猴桃形状以少量不规则为主（73.21%），规则占比次之（24.79%），大量不规则占比最少，仅2.00%。从县域差异来看，周至猕猴桃形状大量不规则、少量不规则和规则占比分别为 2.74%、76.37% 和 20.89%，眉县分别为 1.29%、

---

① 调研组还设置了问题6"猕猴桃果实中干物质包括可溶性（糖和氨基酸）和不溶性固体（结构性碳水化合物和淀粉），您认为其含量为多少时是最好？"，该问题目的在于了解猕猴桃的营养成分，但调研结果显示，几乎100%的受访农户没有听说过干物质，导致无法获取相应信息。

70. 23%和28. 48%，说明眉县猕猴桃形状比周至县差异更小。从样本镇差异来看，马召镇猕猴桃大量不规则占比最高（6. 41%），营头镇猕猴桃少量不规则占比最高（87. 50%），金渠镇猕猴桃规则占比最高（41. 18%），说明金渠镇猕猴桃形状差异较小，马召镇猕猴桃形状差异较大。

表3－10的右侧展示了猕猴桃外观特征基本情况。从总体来看，样本种植户猕猴桃较多破伤、较少破伤和无破伤占比分别为4. 55%、72. 39%和23. 06%，说明猕猴桃外观较好，破伤较少。从县域差异来看，周至猕猴桃外观以较少破伤为主（69. 93%），占比略低于眉县（74. 68%），周至猕猴桃无破伤占比25. 17%，高于眉县的21. 10%，说明周至猕猴桃外观略好于眉县。从样本镇差异来看，较多破伤、较少破伤和无破伤占比最高的镇分别为司竹镇、汤峪镇和金渠镇，说明金渠镇猕猴桃外观破伤最少。

表3－10 样本种植户猕猴桃形状和外观情况统计

单位：%

区域品牌	乡镇	猕猴桃形状				猕猴桃外观			
		大量不规则	少量不规则	规则	合计	较多破伤	较少破伤	无破伤	合计
周至猕猴桃	小计	2. 74	76. 37	20. 89	100	4. 90	69. 93	25. 17	100
	楼观镇	1. 20	79. 52	19. 28	100	3. 07	68. 10	28. 83	100
	马召镇	6. 41	74. 36	19. 23	100	3. 95	80. 26	15. 79	100
	司竹镇	2. 08	68. 75	29. 17	100	12. 77	59. 57	27. 66	100
眉县猕猴桃	小计	1. 29	70. 23	28. 48	100	4. 22	74. 68	21. 10	100
	横渠镇	4. 00	64. 00	32. 00	100	4. 00	64. 00	32. 00	100
	槐芽镇	2. 56	64. 10	33. 33	100	2. 63	73. 68	23. 68	100
	金渠镇	0. 00	58. 82	41. 18	100	0. 00	58. 82	41. 18	100
	齐镇	3. 85	61. 54	34. 62	100	7. 69	76. 92	15. 38	100
	首善镇	0. 00	70. 83	29. 17	100	1. 39	75. 00	23. 61	100

区域品牌	乡镇	猕猴桃形状				猕猴桃外观			
		大量不规则	少量不规则	规则	合计	较多破伤	较少破伤	无破伤	合计
眉县猕猴桃	汤峪镇	0.00	75.34	24.66	100	8.22	82.19	9.59	100
	营头镇	0.00	87.50	12.50	100	3.13	81.25	15.63	100
总计		2.00	73.21	24.79	100	4.55	72.39	23.06	100

资料来源：根据调研数据整理。

表 3-11 的左侧展示了猕猴桃重量特征基本情况。从总体来看，样本种植户猕猴桃重量以少量不均匀为主（62.86%），均匀占比次之（35.26%），大量不均匀占比最少，仅 1.87%。从县域差异来看，周至猕猴桃重量大量不均匀、少量不均匀和均匀占比分别为 2.49%、57.65% 和 39.86%，眉县分别为 1.31%、67.65% 和 31.05%，说明眉县猕猴桃重量总体上比周至县更均匀，但周至县重量均匀比重更高。从样本镇差异来看，槐芽镇猕猴桃重量大量不均匀占比最高（7.69%），金渠镇猕猴桃重量少量不均匀占比最高（82.35%），司竹镇猕猴桃重量均匀占比最高（45.65%），说明司竹镇猕猴桃重量差异较小，槐芽镇猕猴桃重量差异较大。

表 3-11 的右侧展示了猕猴桃硬度特征基本情况。从总体来看，样本种植户猕猴桃大量有手感、少量有手感和无手感占比分别为 1.36%、77.12% 和 21.53%，说明猕猴桃硬度较高。从县域差异来看，周至猕猴桃硬度以少量有手感为主（74.47%），略低于眉县（79.55%），周至猕猴桃无手感占比 23.05%，高于眉县的 20.13%，说明周至猕猴桃硬度略高于眉县。从样本镇差异来看，大量有手感、少量有手感和无手感占比最高的镇分别为马召镇、齐镇和金渠镇，说明金渠镇猕猴桃硬度最高。

表 3 - 11　样本种植户猕猴桃重量和硬度情况统计

单位：%

区域品牌	乡镇	猕猴桃重量				猕猴桃硬度			
		大量不均匀	少量不均匀	均匀	合计	大量有手感	少量有手感	无手感	合计
周至猕猴桃	小计	2.49	57.65	39.86	100	2.48	74.47	23.05	100
	楼观镇	1.89	57.86	40.25	100	2.48	69.57	27.95	100
	马召镇	2.63	61.84	35.53	100	2.63	81.58	15.79	100
	司竹镇	4.35	50.00	45.65	100	2.22	80.00	17.78	100
眉县猕猴桃	小计	1.31	67.65	31.05	100	0.32	79.55	20.13	100
	横渠镇	0.00	60.42	39.58	100	0.00	76.00	24.00	100
	槐芽镇	7.69	69.23	23.08	100	2.56	82.05	15.38	100
	金渠镇	0.00	82.35	17.65	100	0.00	58.82	41.18	100
	齐镇	3.85	61.54	34.62	100	0.00	96.15	3.85	100
	首善镇	0.00	67.61	32.39	100	0.00	77.46	22.54	100
	汤峪镇	0.00	69.86	30.14	100	0.00	78.08	21.92	100
	营头镇	0.00	68.75	31.25	100	0.00	87.50	12.50	100
总计		1.87	62.86	35.26	100	1.36	77.12	21.53	100

注：猕猴桃硬度常用"手感"衡量，有手感表示猕猴桃已经变软，不利于储藏。
资料来源：根据调研数据整理。

综上所述可知，一方面，周至猕猴桃品质更好，指标相对集中，差异更小；而眉县猕猴桃质量水平略低于周至猕猴桃，指标分散，差异更大，其原因可能是，周至县的传统种植优势发挥了作用，周至猕猴桃种植户种植年限更长[1]，种植经验更丰富，因而对猕猴桃形状、外观、重量、硬度等感官因素控制更好。另一方面，眉县金渠镇猕猴桃在形状、外观和硬度特征方面全面领先，仅重量特征不及样本种植户均值，其原因可能是，眉县猕猴桃是在政府强力推动下进行的产业布局，而金渠镇又是政策集中

---

[1]　根据调研数据，周至猕猴桃种植户平均种植年限为 13.92 年，而眉县猕猴桃种植户平均种植年限为 10.29 年。

地区，作为猕猴桃品质示范区域，形状、外观和硬度特征成为猕猴桃品质追求重点，因为种植户不用担心猕猴桃销售情况，所以猕猴桃重量不是其追求重点。因此，金渠镇猕猴桃呈现重量特征表现差，而其他特征全面领先的情况。

四　猕猴桃种植户质量安全控制行为分析

（一）猕猴桃种植户农资投入行为分析

（1）样本猕猴桃种植户农资投入统计分析

表 3－12 显示猕猴桃种植户农资投入情况。从农药投入来看，总体样本猕猴桃种植户平均使用农药 3.75 次/年，亩均农药花费 89.46 元/年；周至猕猴桃种植户年均使用农药 2.98 次，亩均农药花费 92.09 元/年；眉县猕猴桃种植户年均使用农药 4.55 次，亩均农药花费 86.69 元/年。从化肥投入来看，总体样本猕猴桃种植户年均使用化肥 3.47 次，亩均化肥花费 965.08 元/年；周至猕猴桃种植户年均使用化肥 3.25 次，亩均化肥花费 1030.86 元/年；眉县猕猴桃种植户年均使用化肥 3.70 次，亩均化肥花费 896.10 元/年。从农家肥投入来看，总体样本猕猴桃种植户年均使用农家肥 0.79 次①，亩均农家肥花费 333.55 元/年；周至猕猴桃种植户年均使用农家肥 0.79 次，亩均农家肥花费 442.99 元/年；眉县猕猴桃种植户年均使用农家肥 0.78 次，亩均农家肥花费 218.77 元/年。从灌溉投入来看，总体样本猕猴桃种植户年均灌溉 6.11 次，亩均灌溉花费 80.19 元/年；周至猕猴桃种植户年均灌溉 6.87 次，亩均灌溉花费 86.50 元/年；眉县猕猴桃种植户

---

① 结合调研实践，猕猴桃种植户普遍认为农家肥价格高，难以每年都投入，故受访农户多是两年使用一次，或者三年使用一次。相应的，在统计分析时，使用次数转化为年均次数，而使用金额转化为年均、亩均金额。

年均灌溉 5.31 次，亩均灌溉花费 73.57 元/年。从花粉购买金额来看，总体样本猕猴桃种植户亩均花粉购买金额 85.33 元/年；周至猕猴桃种植户亩均花粉购买金额为 143.67 元/年；眉县猕猴桃种植户亩均花粉购买金额为 24.14 元/年。

综上可知，周至猕猴桃种植户农资投入总体上高于眉县猕猴桃，从农药、化肥、农家肥、灌溉到花粉购买，周至猕猴桃种植投入金额更多。结合表 3-7、表 3-8 和表 3-9，可知周至猕猴桃已经走入"高投入—高品质—高收益—高投入……"的良性循环，而眉县猕猴桃仍有更大的提升空间。

表 3-12　样本猕猴桃种植户农资投入统计

区域品牌	乡镇	农药		化肥		农家肥		灌溉		花粉
		次/年	元/(年·亩)	次/年	元/(年·亩)	次/年	元/(年·亩)	次/年	元/(年·亩)	元/(年·亩)
周至猕猴桃	小计	2.98	92.09	3.25	1030.86	0.79	442.99	6.87	86.50	143.67
	楼观镇	2.94	98.93	3.18	1076.11	0.81	479.78	6.44	89.99	151.95
	马召镇	3.64	89.41	3.36	867.29	0.71	265.93	6.24	94.65	165.36
	司竹镇	2.21	74.05	3.32	1111.30	0.85	568.84	9.10	64.24	87.62
眉县猕猴桃	小计	4.55	86.69	3.70	896.10	0.78	218.77	5.31	73.57	24.14
	横渠镇	4.52	72.29	3.46	637.66	0.56	108.04	6.14	42.69	21.80
	槐芽镇	4.84	77.07	3.79	846.81	0.79	197.87	5.35	71.35	20.05
	金渠镇	4.41	111.38	3.59	1244.30	0.94	400.72	5.76	103.65	12.02
	齐镇	4.69	97.45	3.63	1361.70	0.83	345.23	4.94	110.72	29.97
	首善镇	4.38	74.29	3.73	789.31	0.82	218.40	5.74	78.04	25.41
	汤峪镇	4.68	110.96	3.82	920.36	0.84	197.88	4.83	76.94	30.32
	营头镇	4.21	68.85	3.73	862.73	0.76	234.78	4.33	50.60	16.02
总计		3.75	89.46	3.47	965.08	0.79	333.55	6.11	80.19	85.33

资料来源：根据调研数据整理。

（2）样本猕猴桃种植户建园成本和专用设备投资统计分析

表 3-13 是样本猕猴桃种植户建园成本和专用设备投资情况

统计。从建园成本来看，样本猕猴桃种植户建园成本为 15159.01元，亩均建园成本为 3128.13 元。周至猕猴桃种植户建园成本为16443.73 元，亩均建园成本为 3460.52 元，其中，楼观镇建园成本最高，为 18461.53 元；司竹镇亩均建园成本最高，为 3760.49元。眉县猕猴桃种植户建园成本为 13811.61 元，亩均建园成本为2779.53 元，其中，汤峪镇建园成本和亩均建园本成均最高，分别为 16160.83 元和 3491.75 元。从专用设备投资来看，样本猕猴桃种植户专用设备投资为 2423.95 元，亩均专用设备投资为590.32 元。周至猕猴桃种植户专用设备投资为 2217.07 元，亩均专用设备投资为 586.41 元，其中，司竹镇专用设备和亩均专用设备投资均最高，分别为 2906.69 元和 986.23 元。眉县猕猴桃种植户专用设备投资为 2640.92 元，亩均专用设备投资为 594.42 元，其中，齐镇专用设备和亩均专用设备投资均最高，分别为3809.25 元和 961.88 元。由此可知，周至猕猴桃建园成本高于眉县，但专用设备投资低于眉县。

表 3-13　样本猕猴桃种植户建园成本和专用设备投资统计

单位：元

区域品牌	乡镇	建园成本	亩均建园成本	专用设备投资	亩均专用设备投资
周至猕猴桃	小计	16443.73	3460.52	2217.07	586.41
	楼观镇	18461.53	3374.68	1946.96	470.70
	马召镇	14345.00	3440.68	2340.07	562.95
	司竹镇	12909.65	3760.49	2906.69	986.23
眉县猕猴桃	小计	13811.61	2779.53	2640.92	594.42
	横渠镇	12395.55	2541.21	2652.79	674.45
	槐芽镇	10791.33	2543.12	2821.14	715.46
	金渠镇	13409.88	2902.08	2433.82	472.30
	齐镇	9848.86	2091.43	3809.25	961.88

续表

区域品牌	乡镇	建园成本	亩均建园成本	专用设备投资	亩均专用设备投资
眉县猕猴桃	首善镇	15549.26	2589.36	2059.80	374.49
	汤峪镇	16160.83	3491.75	2569.74	558.49
	营头镇	14995.69	2901.48	2722.76	564.56
总计		15159.01	3128.13	2423.95	590.32

资料来源：根据调研数据整理。

（3）样本猕猴桃种植户投资总成本统计分析

图 3-1 展示了不同猕猴桃种植镇的亩均总成本和农资总成本，而农资总成本不包含建园成本和专用设备投资。从图 3-1 可以清楚地看到，司竹镇亩均总成本最高，而齐镇农资总成本显著高于其他镇。

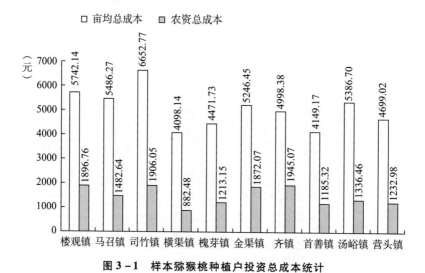

图 3-1　样本猕猴桃种植户投资总成本统计

（4）样本猕猴桃种植户劳动力投入统计分析

表 3-14 展示了猕猴桃种植户劳动力投入情况。从总体来看，猕猴桃种植户家庭劳动力均值为 2.06 人，劳动力雇用占比为 31.10%，猕猴桃种植投入劳动力总数的均值为 3.42 人，亩

均劳动天数为 98.17 天／人。周至猕猴桃种植户家庭劳动力均值为 2.06 人，劳动力雇用占比为 24.09%，猕猴桃种植投入劳动力总数均值为 3.27 人，亩均劳动天数为 90.27 天／人；而眉县猕猴桃种植户家庭劳动力均值为 2.14 人，劳动力雇用占比为 11.43%，猕猴桃种植投入劳动力总数均值为 2.26 人，亩均劳动天数为 111.73 天／人。由此可知，周至猕猴桃种植户种植猕猴桃投入劳动力总数多于眉县 1.01（3.27 - 2.26）人，亩均劳动天数少于眉县 21.46（111.73 - 90.27）天／人。

表 3 - 14　样本猕猴桃种植户劳动力投入统计

区域品牌	乡镇	家庭劳动力（人）	雇用占比（%）	劳动力总数（人）	亩均劳动天数（天／人）
周至猕猴桃	小计	2.06	24.09	3.27	90.27
	楼观镇	2.06	18.00	2.24	86.58
	马召镇	2.07	39.53	4.21	107.94
	司竹镇	2.00	—	2.00	108.89
眉县猕猴桃	小计	2.14	11.43	2.26	111.73
	横渠镇	1.99	24.32	3.91	73.91
	槐芽镇	2.09	38.16	3.91	86.20
	金渠镇	2.09	6.06	2.39	86.51
	齐镇	2.05	37.79	3.58	105.71
	首善镇	2.03	34.52	3.68	92.19
	汤峪镇	2.09	44.71	3.84	97.27
	营头镇	2.05	38.71	2.90	160.26
总计		2.06	31.10	3.42	98.17

资料来源：根据调研数据整理。

（二）猕猴桃种植户的安全控制行为分析

表 3 - 15 是猕猴桃种植户安全控制行为统计情况。本书将猕猴桃种植户安全控制行为分成农药使用前控制行为（包括休药期认

知、防治效果关注度和农药残留关注度）、使用过程控制行为（包括是否采用低毒农药、是否接受农药使用指导、休药期控制、农药浓度控制和农药残留控制）以及使用后效果评价等三个部分。

从对调查问卷中"您知道农药有休药期吗?"的回答来看，样本猕猴桃种植户对休药期的认知程度为59.23%；周至猕猴桃种植户对休药期的认知程度为61.34%，其中，马召镇对休药期的认知程度最高（67.06%），楼观镇对休药期的认知程度最低（57.36%）；眉县猕猴桃种植户对休药期的认知程度为57.01%，其中，汤峪镇对休药期的认知程度最高（72.37%），首善镇对休药期的认知程度最低（33.78%）。从对调查问卷中"您在购买农药时是否了解所购农药对病虫害的防治效果?"的回答来看，样本猕猴桃种植户对防治效果关注度均值为72.62%；周至猕猴桃种植户对防治效果关注度均值为68.02%，其中，马召镇最高（71.76%），司竹镇最低（62.90%）；眉县猕猴桃种植户对防治效果关注度均值为77.44%，其中，金渠镇最高（100.00%），槐芽镇最低（55.81%）。从对调查问卷中"您在购买农药时是否了解所购农药在果品上有没有残留?"的回答来看，样本猕猴桃种植户对农药残留关注度均值为54.17%；周至猕猴桃种植户对农药残留关注度均值为57.27%，其中，楼观镇最高（60.41%），司竹镇最低（48.39%）；眉县猕猴桃种植户对农药残留关注度均值为50.91%，其中，金渠镇最高（76.47%），横渠镇最低（34.00%）。综上可知，超过半数的样本猕猴桃种植户采纳农药使用前控制行为，不同的是，周至猕猴桃种植户更多关注休药期和农药残留，而眉县猕猴桃种植户更多关注农药防治效果。

从对调查问卷中"您使用过低毒高效低残留的农药吗?"的回答来看，约92.41%的样本猕猴桃种植户使用过低毒农药，周至猕猴桃种植户低毒农药使用率为92.15%，略低于眉县低毒农药使用率（92.68%）；在样本镇中，营头镇低毒农药使用率最高

（96.97%），司竹镇低毒农药使用率最低（85.48%）。从对调查问卷中"您在购买农药时有没有人告诉您该买什么以及怎么用?"的回答来看，86.82%的种植户接受过农药使用指导，其中，周至县90.83%的猕猴桃种植户接受过农药使用指导，高于眉县的90.00%。从对调查问卷中"如果一种农药说明书中要求间隔20天使用，您是怎么做的?"的回答来看，样本猕猴桃种植户得分均值为2.36分，处于"偶尔没按要求"（执行）和"严格按要求"（严格执行）之间，说明农户对休药期控制较好，其中，周至猕猴桃种植户对休药期控制得分均值为2.42分，略高于眉县猕猴桃种植户的2.30分。从对调查问卷中"您是否按农药使用说明使用药量?"的回答来看，样本猕猴桃种植户得分均值为2.66分，处于"偶尔提高浓度"（执行）和"严格按要求"（严格执行）之间，说明农户对农药浓度控制较好，其中，周至猕猴桃种植户得分均值为2.78分，略高于眉县猕猴桃种植户的2.52分。从对调查问卷中"您采摘猕猴桃和最后一次使用农药的间隔期是否按照说明执行?"的回答来看，不足一半（41.22%）的种植户对该要求严格执行，周至县均值为40.41%，略低于眉县的42.07%，说明种植户对农药残留控制不严格。调研过程中，大部分农户提到采摘前猕猴桃病虫害问题，如果没有使用农药，则猕猴桃外观难以保证。

表 3-15　样本猕猴桃种植户安全控制行为统计

区域品牌	乡镇	使用前控制（认知、关注情况）			使用过程控制（用药行为）				
		休药期（%）	效果（%）	残留（%）	低毒农药（%）	指导（%）	休药期（分）	浓度（分）	残留（%）
周至猕猴桃	小计	61.34	68.02	57.27	92.15	90.83	2.42	2.78	40.41
	楼观镇	57.36	68.02	60.41	92.39	89.80	2.44	2.86	43.15
	马召镇	67.06	71.76	56.47	96.47	79.03	2.42	2.69	32.94
	司竹镇	66.13	62.90	48.39	85.48	84.52	2.34	2.66	41.94

区域品牌	乡镇	使用前控制（认知、关注情况）			使用过程控制（用药行为）				
		休药期（%）	效果（%）	残留（%）	低毒农药（%）	指导（%）	休药期（分）	浓度（分）	残留（%）
眉县猕猴桃	小计	57.01	77.44	50.91	92.68	90.00	2.30	2.52	42.07
	横渠镇	60.00	80.00	34.00	96.00	48.84	2.16	2.20	36.00
	槐芽镇	62.79	55.81	60.47	90.70	100.00	2.23	2.60	44.19
	金渠镇	64.71	100.00	76.47	88.24	97.14	2.65	2.82	35.29
	齐镇	68.57	80.00	62.86	94.29	90.54	2.49	2.63	48.57
	首善镇	33.78	81.08	41.89	89.19	80.26	2.22	2.69	41.89
	汤峪镇	72.37	76.32	52.63	93.42	93.94	2.37	2.51	43.42
	营头镇	45.45	81.82	54.55	96.97	88.75	2.21	2.30	42.42
总计		59.23	72.62	54.17	92.41	86.82	2.36	2.66	41.22

注：休药期控制行为：严格执行 = 3 分，执行 = 2 分，没有执行 = 1 分；浓度控制行为：严格执行 = 3 分，执行 = 2 分，没有执行 = 1 分。

资料来源：根据调研数据整理。

表 3-16 左侧对样本猕猴桃种植户休药期控制行为进行进一步分析。从总体来看，没有执行休药期控制、执行休药期控制和严格执行休药期控制的种植户占比分别为 18.34%、23.10% 和 58.56%，说明有超过一半的种植户严格执行休药期控制。从县域差异来看，周至县没有执行休药期控制、执行休药期控制和严格执行休药期控制的种植户占比分别为 15.75%、20.75% 和 63.50%，眉县分别为 21.43%、25.89% 和 52.68%，说明眉县种植户的休药期控制行为略差于周至县种植户，特别是严格执行休药期控制的种植户比周至县低 10.82%。从样本镇差异来看，槐芽镇没有执行休药期控制的种植户占比最高（30.23%），横渠镇执行休药期控制的种植户占比最高（36.00%），而金渠镇严格执行休药期控制的种植户占比最高（80.00%），说明槐芽镇种植户休药期控制行为有待加强，而金渠镇种植户执行休药期控制最严格。

表 3-16 右侧对样本猕猴桃种植户农药浓度控制行为进行进一步分析。从总体来看，没有执行农药浓度控制、执行农药浓度控制和严格执行农药浓度控制的种植户占比分别为 5.57%、21.33% 和 73.10%，说明有接近 3/4 的种植户严格执行农药浓度控制。从县域差异来看，周至县种植户没有执行农药浓度控制、执行农药浓度控制和严格执行农药浓度控制的种植户占比分别为 3.75%、13.25% 和 83.00%，眉县分别为 7.74%、30.95% 和 61.31%，说明眉县种植户的农药浓度控制行为比周至县差很多，特别是严格执行农药浓度控制的种植户比周至县低 21.69%。从样本镇差异来看，横渠镇没有执行农药浓度控制的种植户占比最高（16.00%），横渠镇执行农药浓度控制的种植户占比最高（48.00%），而金渠镇严格执行农药浓度控制的种植户占比最高（92.00%），说明横渠镇种植户农药浓度控制行为最差，有较大提升空间，而金渠镇种植户执行农药浓度控制行为最严格。

表 3-16 样本猕猴桃种植户休药期控制和农药浓度控制情况统计

单位：%

区域品牌	乡镇	休药期控制				农药浓度控制			
		没有执行	执行	严格执行	合计	没有执行	执行	严格执行	合计
周至猕猴桃	小计	15.75	20.75	63.50	100	3.75	13.25	83.00	100
	楼观镇	16.67	15.83	67.50	100	1.67	11.25	87.08	100
	马召镇	11.22	28.57	60.20	100	4.08	19.39	76.53	100
	司竹镇	19.35	27.42	53.23	100	11.29	11.29	77.42	100
眉县猕猴桃	小计	21.43	25.89	52.68	100	7.74	30.95	61.31	100
	横渠镇	24.00	36.00	40.00	100	16.00	48.00	36.00	100
	槐芽镇	30.23	16.28	53.49	100	4.65	30.23	65.12	100
	金渠镇	4.00	16.00	80.00	100	4.00	4.00	92.00	100
	齐镇	14.29	22.86	62.86	100	0.00	37.14	62.86	100
	首善镇	24.32	29.73	45.95	100	1.35	28.38	70.27	100

区域品牌	乡镇	休药期控制				农药浓度控制			
		没有执行	执行	严格执行	合计	没有执行	执行	严格执行	合计
眉县猕猴桃	汤峪镇	19.74	23.68	56.58	100	11.84	25.00	63.16	100
	营头镇	24.24	30.30	45.45	100	15.15	39.39	45.45	100
总计		18.34	23.10	58.56	100	5.57	21.33	73.10	100

资料来源：根据调研数据整理。

表 3 - 17 是样本猕猴桃种植户农药效果评价统计情况。从总体来看，10.33%的样本种植户认为农药效果一般，44.16%的样本种植户认为农药效果较好和45.52%的样本种植户认为农药效果非常好，说明近90%的样本种植户认为农药效果可以接受，能够满足消除猕猴桃害虫的要求。从县域差异来看，周至猕猴桃种植户认为农药效果一般、较好和非常好的比例分别为11.75%、41.50%和46.75%，眉县分别为8.63%、47.32%和44.05%，说明两县种植户对农药效果评价相似，差异不大。从样本镇差异来看，槐芽镇种植户认为农药效果一般的比重最高（13.95%），横渠镇种植户认为农药效果较好的比重最高（74.00%），金渠镇种植户认为农药效果非常好的比重最高（88.00%），说明不同镇的种植户对农药效果评价存在差异，金渠镇对农药效果评价最好。

表 3 - 17　样本猕猴桃种植户农药效果评价统计

单位：%

区域品牌	乡镇	农药效果评价			
		一般	较好	非常好	合计
周至猕猴桃	小计	11.75	41.50	46.75	100
	楼观镇	12.92	45.42	41.67	100
	马召镇	10.20	32.65	57.14	100
	司竹镇	9.68	40.32	50.00	100

续表

区域品牌	乡镇	农药效果评价			
		一般	较好	非常好	合计
眉县猕猴桃	小计	8.63	47.32	44.05	100
	横渠镇	10.00	74.00	16.00	100
	槐芽镇	13.95	53.49	32.56	100
	金渠镇	8.00	4.00	88.00	100
	齐镇	11.43	45.71	42.86	100
	首善镇	8.11	52.70	39.19	100
	汤峪镇	5.26	31.58	63.16	100
	营头镇	6.06	57.58	36.36	100
总计		10.33	44.16	45.52	100

资料来源：根据调研数据整理。

综上所述，样本种植户在使用农药过程中采取了较好的控制行为，大部分种植户使用低毒农药和接受农药使用指导，对休药期和农药浓度的控制比较好，而且农药浓度控制好于休药期控制；从县域差异来看，周至猕猴桃种植户对休药期和农药浓度控制要好于眉县，但对低毒农药的使用率低于眉县；从样本差异来看，金渠镇种植户最重视农药效果，对农药浓度控制和农药效果评价也最好。

（三）猕猴桃种植户的品质控制行为分析

（1）猕猴桃种植户的品质控制行为统计分析

表3-18是猕猴桃种植户采纳猕猴桃品质控制行为统计情况。本书将"获得三品认证，申请使用地理标志①，猕猴桃品种数越少，参加过质量安全培训，增加有机肥施用量，适度灌溉保持果园水分，不使用膨大剂，减少膨大剂施用量"等行为作为种植户采纳

---

① 不同于表3-8的地理标志使用，这里是申请使用地理标志的行为，表3-8表示获得使用地理标志的权利。

猕猴桃品质控制行为的表现。

从总体来看，猕猴桃获得三品认证的种植户的比例为 13. 54%，有申请使用猕猴桃地理标志行为的农户比例为 21. 28%，户均猕猴桃品种数量为 1. 65 个，参加过猕猴桃质量安全培训的农户占比 79. 17%，增加有机肥施用量的农户占比 56. 25%，采取适度灌溉保持果园水分行为的农户占比 37. 20%，在猕猴桃种植过程中没有使用膨大剂的农户占比 21. 58%（1 - 78. 42%），而采取减少膨大剂施用量的农户占比 68. 75%。从县域差异来看，周至猕猴桃种植户在三品认证行为、增加有机肥施用量行为和减少膨大剂施用量行为等方面的占比显著高于眉县，前者比例分别为 13. 95%、56. 40%、70. 64%，后者比例分别为 13. 11%、56. 10%、66. 77%；而眉县猕猴桃种植户在猕猴桃地理标志申请行为、参加猕猴桃质量安全培训行为、采取适度灌溉行为和在猕猴桃种植过程中不使用膨大剂行为等方面的占比显著高于周至县，前者比例分别为 22. 26%、80. 79%、44. 21%、23. 78%（1 - 76. 22%），后者分别为 20. 35%、77. 62%、30. 52%、19. 48%（1 - 80. 52%）；而对于种植猕猴桃品种数，周至县为 1. 63 个，眉县为 1. 66 个，差异不明显。

表 3 - 18　样本猕猴桃种植户品质控制行为统计

区域品牌	乡镇	三品认证（%）	地标申请（%）	品种（个）	参加培训（%）	增加有机肥（%）	适度灌溉（%）	使用膨大剂（%）	减少膨大剂（%）
周至猕猴桃	小计	13. 95	20. 35	1. 63	77. 62	56. 40	30. 52	80. 52	70. 64
	楼观镇	13. 20	23. 86	1. 63	81. 22	57. 36	31. 98	83. 25	72. 59
	马召镇	10. 59	20. 00	1. 58	61. 18	57. 65	18. 82	80. 00	70. 59
	司竹镇	20. 97	9. 68	1. 69	88. 71	51. 61	41. 94	72. 58	64. 52
眉县猕猴桃	小计	13. 11	22. 26	1. 66	80. 79	56. 10	44. 21	76. 22	66. 77
	横渠镇	12. 00	12. 00	1. 96	84. 00	60. 00	48. 00	78. 00	66. 00
	槐芽镇	18. 60	55. 81	1. 56	83. 72	30. 23	32. 56	74. 42	69. 77

区域 品牌	乡镇	三品认 证（%）	地标申 请（%）	品种 （个）	参加培 训（%）	增加有 机肥（%）	适度灌 溉（%）	使用膨 大剂（%）	减少膨 大剂（%）
眉县 猕猴桃	金渠镇	23.53	17.65	1.29	88.24	64.71	70.59	64.71	70.59
	齐镇	8.57	25.71	1.63	77.14	77.14	42.86	80.00	65.71
	首善镇	12.16	13.51	1.54	74.32	48.65	54.05	68.92	64.86
	汤峪镇	9.21	21.05	1.75	90.79	64.47	39.47	85.53	68.42
	营头镇	18.18	15.15	1.64	63.64	54.55	30.30	72.73	63.64
总计		13.54	21.28	1.65	79.17	56.25	37.20	78.42	68.75

资料来源：根据调研数据整理。

（2）猕猴桃种植户对使用膨大剂危害的认知

"近年来，部分果农盲目追求大果效应，在生产中过量使用膨大剂，导致猕猴桃果实外形畸变，内在品质下降，贮藏期和货架期缩短，烂果率增高，严重败坏了猕猴桃在市场上的声誉，导致消费需求大幅减少，出口受阻，果价下跌，果农收入下降，使产业发展跌入低谷。实践证明，使用膨大剂是影响猕猴桃产业健康发展的主要因素……"① 膨大剂作为一种植物激素，在猕猴桃生产过程中已经被大量使用，结合调研实践，猕猴桃种植户多由于"不用膨大剂，根本卖不出去"而选择使用膨大剂。

图3-2是受访猕猴桃种植户对"您认为膨大剂等生物激素有哪些危害？"回答的汇总。由此可知，认为猕猴桃使用膨大剂后会危害人体健康的种植户占26.51%，认为只是导致猕猴桃口感变差、保质期变短的种植户有5.34%，认为膨大剂会危害猕猴桃果树的种植户有40.33%，认为膨大剂对人体和果树都没有危害的种植户占27.73%。从统计结果可知，猕猴桃种植户对使用膨大剂危害的认知并不清晰，但更重视膨大剂对猕猴桃果树的影响。

---

① 《当猕猴桃过度使用膨大剂，谁是最终受益者？》，http://www.sohu.com/a/205707192_712316，2017年11月21日。

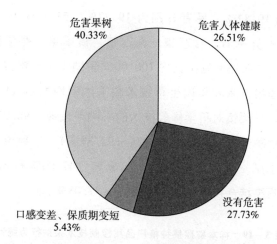

图 3 - 2　样本猕猴桃种植户对使用膨大剂危害的认知

（3）猕猴桃品质控制技术采纳行为统计分析

新型品质控制技术的推广使用是保障猕猴桃质量安全水平的关键，目前陕西省在猕猴桃生产过程中重点推广的品质控制技术包括人工授粉技术、定量挂果技术、科学修剪技术、生物防治技术、果园生草技术、配方施肥技术、水肥一体技术和沼果结合技术。样本猕猴桃种植户品质控制技术采纳行为统计情况见表 3 - 19。

从总体来看，人工授粉技术和科学修剪技术采纳率较高，分别达到 99.70% 和 91.22%；生物防治技术、定量挂果技术和水肥一体技术采纳率超过 50%，分别为 81.55%、73.96% 和 52.23%；而配方施肥技术、果园生草技术和沼果结合技术采纳率尚不足 50%，分别为 30.95%、26.04% 和 17.41%。从县域差异来看，周至猕猴桃种植户对人工授粉技术、定量挂果技术、科学修剪技术、生物防治技术和配方施肥技术的采纳率均高于眉县，前者分别为 99.71%、75.00%、93.90%、85.47% 和 32.56%，后者分别为 99.70%、72.87%、88.41%、77.44% 和 29.27%；而眉县猕猴桃种植户对果园生草技术、水肥一体技术和沼果结合技术的采纳率均高于周至县，前者分别为 32.62%、

53.35%和19.82%，后者分别为19.77%、51.16%和15.12%。从样本镇差异来看，楼观镇、马召镇、横渠镇、槐芽镇、金渠镇、齐镇、首善镇和营头镇均100.00%采纳人工授粉技术，槐芽镇对定量挂果技术和果园生草技术的采纳率均最高（93.02%和51.16%），横渠镇对科学修剪技术的采纳率最高（96.00%），楼观镇对生物防治技术的采纳率最高（92.39%），金渠镇对配方施肥技术和水肥一体技术的采纳率均最高（47.06%和82.35%），首善镇对沼果结合技术的采纳率最高（31.08%）。

表 3 - 19 样本猕猴桃种植户品质控制技术采纳行为统计

单位：%

区域品牌	乡镇	人工授粉	定量挂果	科学修剪	生物防治	果园生草	配方施肥	水肥一体	沼果结合
周至猕猴桃	小计	99.71	75.00	93.90	85.47	19.77	32.56	51.16	15.12
	楼观镇	100.00	81.22	94.92	92.39	18.78	34.01	44.16	16.75
	马召镇	100.00	51.76	94.12	75.29	16.47	23.53	55.29	11.76
	司竹镇	98.39	87.10	90.32	77.42	27.42	40.32	67.74	14.52
眉县猕猴桃	小计	99.70	72.87	88.41	77.44	32.62	29.27	53.35	19.82
	横渠镇	100.00	56.00	96.00	50.00	28.00	42.00	42.00	20.00
	槐芽镇	100.00	93.02	83.72	81.40	51.16	18.60	67.44	23.26
	金渠镇	100.00	88.24	94.12	88.24	35.29	47.06	82.35	17.65
	齐镇	100.00	68.57	88.57	82.86	25.71	25.71	62.86	20.00
	首善镇	100.00	83.78	86.49	87.84	29.73	31.08	36.49	31.08
	汤峪镇	98.68	63.16	84.21	77.63	32.89	23.68	59.21	11.84
	营头镇	100.00	66.67	93.94	78.79	27.27	27.27	51.52	9.09
总计		99.70	73.96	91.22	81.55	26.04	30.95	52.23	17.41

资料来源：根据调研数据整理。

（4）猕猴桃种植户品质控制技术来源统计分析

表 3 - 20 是样本猕猴桃种植户品质控制技术来源统计情况。从总体来看，从农业技术人员学习品质控制技术的农户占比为

23.21%，通过参加技术培训获得品质控制技术的农户占比为
47.62%，从农民专业合作社或者农业龙头企业（组织技术）获
得品质控制技术的农户占比为55.30%，从其他农户那里学习品
质控制技术的农户占比10.71%，通过个人种植经验积累获得品
质控制技术的农户占比77.83%。从县域差异来看，周至猕猴桃
种植户品质控制技术来源占比从高到低的排序为个人种植经验积
累、农民专业合作社或者农业龙头企业（组织技术）、参加技术培
训、农技人员和其他农户，该排序与眉县猕猴桃种植户品质控制技
术来源排序相同。但是，眉县猕猴桃种植户品质控制技术来源占比
大部分高于周至县，仅从农技人员获取技术的占比略低于周至县。
从样本镇差异来看，金渠镇的种植户从农技人员获取技术比重最高
（47.06%），汤峪镇的种植户通过参加技术培训获取技术比重最高
（69.74%），横渠镇、金渠镇、齐镇和营头镇的种植户通过农民专
业合作社或者农业龙头企业（组织技术）获得技术比重最高
（75.00%），营头镇有18.18%的种植户通过其他农户获得技术，首
善镇有89.19%的种植户认为个人经验也是获取技术的重要来源。

表3-20 样本猕猴桃种植户品质控制技术来源统计

单位：%

区域品牌	乡镇	农技人员	参加技术培训	组织技术	其他农户	个人经验
周至猕猴桃	小计	25.00	46.51	48.33	8.72	75.00
	楼观镇	28.43	45.18	56.76	7.11	71.57
	马召镇	16.47	45.88	18.18	8.24	81.18
	司竹镇	25.81	51.61	50.00	14.52	77.42
眉县猕猴桃	小计	21.34	48.78	61.11	12.80	80.79
	横渠镇	12.00	30.00	75.00	18.00	86.00
	槐芽镇	23.26	65.12	53.85	16.28	72.09
	金渠镇	47.06	47.06	75.00	17.65	64.71
	齐镇	37.14	42.86	75.00	8.57	62.86

区域品牌	乡镇	农技人员	参加技术培训	组织技术	其他农户	个人经验
眉县猕猴桃	首善镇	14.86	37.84	54.55	8.11	89.19
	汤峪镇	22.37	69.74	50.00	10.53	85.53
	营头镇	15.15	39.39	75.00	18.18	81.82
总计		23.21	47.62	55.30	10.71	77.83

资料来源：根据调研数据整理。

（5）猕猴桃种植户品质控制技术培训组织者统计分析

除个人经验和组织技术外，参加技术培训是猕猴桃种植户的重要品质控制技术学习途径，表 3-21 对技术培训组织者进行统计分析。从表 3-21 可以看出，技术培训组织者重要程度从高到低依次为村委会、农资公司、乡镇政府、市县政府和自费，参加过上述组织者组织的技术培训农户占比依次为 43.60%、31.25%、20.68%、12.65% 和 0.89%。就县域差异而言，周至县技术培训组织者为农资公司时农户参与比例更高，为 35.47%；而眉县技术培训组织者为村委会、乡镇政府和市县政府时农户参与比例更高，分别为 47.87%、24.39% 和 13.11%；特别的，周至猕猴桃种植户通过自费学习品质控制技术的比重比眉县更高。从样本镇差异来看，槐芽镇市县政府、乡镇政府和农资公司组织培训比例最高（25.58%、34.88% 和 51.16%），金渠镇村委会组织培训比例最高（64.71%），司竹镇自费学习品质控制技术比例最高（4.84%）。

表 3-21 样本猕猴桃种植户品质控制技术培训组织者统计

单位：%

区域品牌	乡镇	市县政府	乡镇政府	村委会	农资公司	自费
周至猕猴桃	小计	12.21	17.15	39.53	35.47	1.45
	楼观镇	12.69	16.24	47.21	34.01	1.02

续表

区域品牌	乡镇	市县政府	乡镇政府	村委会	农资公司	自费
周至猕猴桃	马召镇	9.41	15.29	28.24	31.76	0.00
	司竹镇	14.52	22.58	30.65	45.16	4.84
眉县猕猴桃	小计	13.11	24.39	47.87	26.83	0.30
	横渠镇	4.00	18.00	62.00	22.00	0.00
	槐芽镇	25.58	34.88	30.23	51.16	2.33
	金渠镇	11.76	17.65	64.71	17.65	0.00
	齐镇	2.86	25.71	37.14	22.86	0.00
	首善镇	12.16	28.38	51.35	22.97	0.00
	汤峪镇	22.37	25.00	47.37	27.63	0.00
	营头镇	3.03	12.12	45.45	18.18	0.00
总计		12.65	20.68	43.60	31.25	0.89

资料来源：根据调研数据整理。

五 猕猴桃种植户形成的农户自主治理概况分析

（一）猕猴桃种植户形成的农户自主治理成员构成

本书关注的农户自主治理是建立在村庄基础上，由本村猕猴桃种植户自主参与形成的村民经济合作组织，结合对军寨村、三家庄村和红新村的实地调查情况，本书分析了猕猴桃种植户形成的农户自主治理成员构成。村干部农户、精英农户、技术农户、中介农户和普通农户是构成农户自主治理的成员农户，而上级政府、农资企业、农业科技特派员、采购商、其他农户、社会公众、消费者等外部主体形成农户自主治理的外部环境，本书构建的猕猴桃种植户形成的农户自主治理成员构成如图 3-3 所示。

从猕猴桃种植户形成的农户自主治理成员构成来看，村干部农户和中介农户是农户自主治理的关键成员，而精英农户、技术农户和普通农户往往是在村干部农户和中介农户动员之下，自愿加入农户自主治理的。这些农户能够认识到村庄良好声誉等共享资源的重要价值，就调研情况来看，正是"本村猕猴桃品质更好"的声誉，使得其无论在销售价格，还是在销售时效上都远远优于周边村庄，甚至出现"本村未销售完毕，其他村难以销售"的局面。农户自主治理成员能够通过集体协商达成保护共享资源的一致意见，再结合猕猴桃种植户的丰富经验，能够识别影响共享资源的关键问题，并提出有针对性的解决意见。以膨大剂使用为例，这些农户普遍能认识到使用膨大剂的副作用，包括损伤猕猴桃果树、减少果树挂果年限，以及危害猕猴桃品质，使得猕猴桃口感变差且保存期限变短，同时他们也能认识到膨大剂的使用导致猕猴桃销售价格下降，威胁村庄良好声誉，从而会失去销售先机。为解决这一问题，经过集体协商，农户自主治理提出减少膨大剂施用量，同时减少单株猕猴桃树或单位面积猕猴桃树的挂果量①，可以在保证猕猴桃产量的同时提高猕猴桃品质，能够维护村庄声誉。

从猕猴桃种植户形成的农户自主治理外部环境来看，外部主体扮演了将与猕猴桃相关的信息输入农户自主治理的角色。以上级政府为例，这里的上级政府特指县、乡镇政府，县政府作为猕猴桃区域品牌的管理者，承担制定猕猴桃产业发展规划，提出猕猴桃种植标准等责任，并且县级政府还是猕猴桃消费者以及社会公众对猕猴桃希望的"寄托者"，故县级政府获得的有关猕猴桃诉求的信息，将通过乡镇政府以行政命令的方式，传递给村干部农户。再比如猕猴桃采购商，结合调研实践，猕猴桃的销售方式包括采购商田头采购和冷库收购存储，对于冷库收储而言，仅仅延长了猕猴桃销售时间，最终冷库收储的猕猴桃仍然是销售给采

---

① 调研实践显示，猕猴桃农户自主治理建议的猕猴桃挂果数量为，每株成年猕猴桃树不超过 80 枚，或每平方米猕猴桃果园挂果树不超过 20 枚。

购商。因此采购商对猕猴桃的要求往往代表消费者对猕猴桃的需求，采购商重点采购的猕猴桃往往较好销售且价格更高，这些信息就通过农户自主治理的中介农户传递给猕猴桃农户自主治理成员。其他主体角色与上级政府和中介农户类似，比如精英农户可以获取农资信息和冷库收储信息，技术农户可以获取猕猴桃种植技术，普通农户也能获得其他非农户自主治理农户的种植信息。

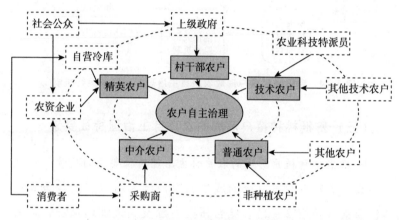

图 3-3 猕猴桃种植户形成的农户自主治理成员构成

（二）猕猴桃种植户形成农户自主治理的路径与运行机制

结合调研情况发现，村干部农户和中介农户是猕猴桃种植户形成农户自主治理组织阶段的关键力量，他们往往率先响应外部主体诉求，推动猕猴桃种植户形成农户自主治理的雏形。随后，基于村庄社会关系，动员精英农户、技术农户和普通农户参与，通过农户自主治理全员协商，明确农户自主治理的目标，制定农户自主治理正式规范规则和街坊邻里相互监督及惩罚机制。最后，通过执行正式规范规则，规范猕猴桃种植户的生产行为，进行监督和惩罚，最终实现农户自主治理成员种植户的集体行动。

猕猴桃种植户形成农户自主治理的路径与运行机制如图 3 - 4 所示。

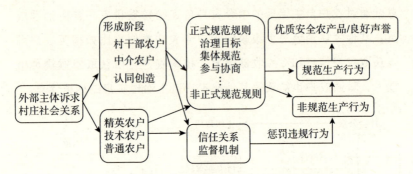

图 3 - 4　猕猴桃种植户形成农户自主治理的路径与运行机制

（三）猕猴桃种植户形成的农户自主治理特征要素

1. 猕猴桃种植户形成的农户自主治理特征要素的度量

参考奥斯特罗姆设计的成功的农户自主治理应该具备 8 种特征要素（见表 2 - 2），结合研究主题及实践调研情况，本书重点考察集体规范、信任关系和监督机制三类农户自主治理特征要素，通过构建 SEM 模型验证上述要素是否对农产品质量安全控制行为产生影响。本书在调查问卷中设计如表 3 - 22 所示问题对种植户感知的集体规范、信任关系和监督机制进行数量化。

（1）集体规范的度量

问题 1 "您愿意按照集体规范采取猕猴桃生产行为吗?" 用于度量种植户对农户自主治理的集体规范认可程度，认可程度越高，种植户制订符合集体规范的生产计划，并采取符合集体规范生产行为的可能性越高；问题 2 "您觉得遵守集体规范采取猕猴桃生产行为重要吗?" 和问题 3 "您愿意克服困难遵守集体规范采取猕猴桃生产行为吗?" 用于度量种植户执行集体规范的态度，种植户认为集体规范越重要，越愿意克服困难执行集体规范时，其越倾向于制定符合集体规范的猕猴桃生产行为决策，进而越倾向于采取符合集体规范的猕猴桃生产行为。通过上述三个问题，可以对种植户感知的农户自主治理集体规范进行较全面的度量，这些问题在计量模型中将被设置为可观测变量，用以表征集体规范潜变量。

（2）信任关系的度量

问题 4 "您认为村干部农户/中介农户会相信您按照集体规范采取猕猴桃生产行为吗？" 用于度量种植户感知的农户自主治理发起人的信任关系情况；问题 5 "您认为街坊四邻支持您按照集体规范采取猕猴桃生产行为吗？" 用于度量街坊四邻对种植户的信任关系情况；问题 6 "您认为街坊四邻会按照集体规范采取猕猴桃生产行为吗？" 用于度量种植户对街坊四邻的信任关系情况。通过上述三个问题，可以对种植户感知的农户自主治理信任关系进行较全面的度量，这些问题在计量模型中将被设置为可观测变量，用以表征信任关系潜变量。

（3）监督机制的度量

问题 7 "如果您家在猕猴桃种植过程中，违规使用肥料、农药或者膨大剂，您认为村干部农户/中介农户是否会发现？" 用于度量种植户感知的农户自主治理发起人的监督情况；问题 8 "如果您家在猕猴桃种植过程中，违规使用肥料、农药或者膨大剂，您认为街坊四邻是否会发现？" 用于度量种植户感知的农户自主治理成员农户的监督情况；问题 9 "如果街坊四邻在猕猴桃种植过程中，违规使用肥料、农药或者膨大剂，您是否会发现？" 用于度量种植户自己对监督机制的履行情况。通过上述三个问题，可以对种植户感知的农户自主治理监督机制进行较全面的度量，这些问题在计量模型中将被设置为可观测变量，用以表征监督机制潜变量。

表 3 – 22　猕猴桃种植户形成的农户自主治理特征要素的度量

编号	调查问卷题目	选项
问题 1	您愿意按照集体规范采取猕猴桃生产行为吗？（集体规范 1）	①不确定；②比较确定；③肯定
问题 2	您觉得遵守集体规范采取猕猴桃生产行为重要吗？（集体规范 2）	①不确定；②比较确定；③肯定
问题 3	您愿意克服困难遵守集体规范采取猕猴桃生产行为吗？（集体规范 3）	①不确定；②比较确定；③肯定
问题 4	您认为村干部农户/中介农户会相信您按照集体规范采取猕猴桃生产行为吗？（信任关系 1）	①不确定；②比较确定；③肯定
问题 5	您认为街坊四邻支持您按照集体规范采取猕猴桃生产行为吗？（信任关系 2）	①不确定；②比较确定；③肯定
问题 6	您认为街坊四邻会按照集体规范采取猕猴桃生产行为吗？（信任关系 3）	①不确定；②比较确定；③肯定
问题 7	如果您家在猕猴桃种植过程中，违规使用肥料、农药或者膨大剂，您认为村干部农户/中介农户是否会发现？（监督机制 1）	①是；②否
问题 8	如果您家在猕猴桃种植过程中，违规使用肥料、农药或者膨大剂，您认为街坊四邻是否会发现？（监督机制 2）	①是；②否
问题 9	如果街坊四邻在猕猴桃种植过程中，违规使用肥料、农药或者膨大剂，您是否会发现？（监督机制 3）	①是；②否

资料来源：本书使用的调查问卷。

2. 猕猴桃种植户形成的农户自主治理特征要素统计分析

农户自主治理特征要素是农户自主治理实现规范种植户生产行为的重要因素，本节内容将对种植户感知集体规范、信任关系和监督机制进行统计分析，进而发现不同地域种植户对上述特征要素的感知特点。

（1）样本种植户对集体规范感知情况统计分析

从总体来看，猕猴桃种植户对集体规范感知为"肯定"回答的比重分别是，集体规范 1 为 72.92%，集体规范 2 为 68.45%，集体规范 3 为 65.33%，即种植户肯定"愿意按照集体规范采取猕猴桃生产行为"的感知最强，肯定"愿意克服困难遵守集体规范采取猕猴桃生产行为"的感知最弱；如果再考虑上"比较确定"的回答后，种植户对集体规范 1 的感知为 95.24%，对集体规范 2 的感知为 94.05%，对集体规范 3 的感知为 93.60%，即种植户对"愿意按照集体规范采取猕猴桃生产行为"的感知仍为最强，对"愿意克服困难遵守集体规范采取猕猴桃生产行为"的感知仍为最弱。这说明集体规范影响种植户态度的作用较强，而影响种植户生产行为的作用较弱，但仍有超过 90% 的种植户能感受到集体规范对自身生产行为计划和生产行为决策的影响。从县域差异来看，周至县种植户和眉县种植户对集体规范的感知与总体趋势相同，但眉县种植户回答为"肯定"的占比略高于周至县，说明眉县种植户对集体规范的感知比周至县种植户更强烈。样本种植户对集体规范的感知情况统计如图 3 - 5 所示。

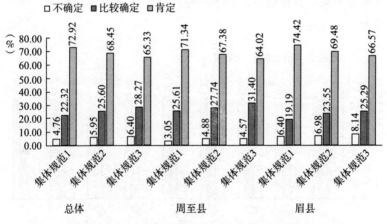

图 3 - 5　样本种植户对集体规范感知情况统计

（2）样本种植户对信任关系感知情况统计分析

从总体来看，种植户对信任关系 2 回答为"肯定"的比重（65.18%）比对信心关系 3（61.46%）和信任关系 1（50.60%）高，说明猕猴桃种植户肯定"街坊四邻支持您按照集体规范采取猕猴桃生产行为"的感知强于"村干部农户/中介农户会相信您按照集体规范采取猕猴桃生产行为",而肯定"街坊四邻会按照集体规范采取猕猴桃生产行为"的感知处于中间水平；如果再考虑上"比较确定"回答的话，种植户对信任关系的感知由强到弱的排序为信任关系2（94.05%）、信任关系3（92.86%）、信任关系1（88.55%），种植户仍然更相信"街坊四邻支持您按照集体规范采取猕猴桃生产行为"而非"村干部农户/中介农户会相信您按照集体规范采取猕猴桃生产行为"。从县域差异来看，周至县种植户和眉县种植户对信任关系感知的强弱与总体信任关系排序保持一致，但仅考虑"肯定"回答的情况下，周至县种植户对信任关系的感知显著强于眉县种植户，若综合考虑"肯定"和"比较确定"回答的情况下，眉县种植户对"村干部农户/中介农户会相信您按照集体规范采取猕猴桃生产行为"的信任关系感知显著强于周至县种植户。样本种植户对信任关系的感知情况统计如图3-6所示。

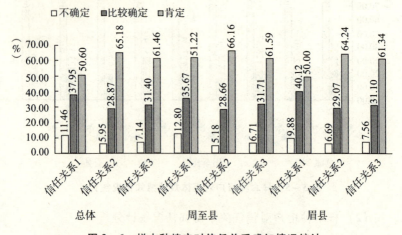

图3-6 样本种植户对信任关系感知情况统计

注：信任关系1中个别数据缺失。

（3）样本种植户对监督机制感知情况统计分析

从总体来看，种植户对监督机制2的感知（56.99%）强于对监督机制3的感知（56.25%）和对监督机制1的感知

（47.62%），说明种植户对"如果您家在猕猴桃种植过程中，违规使用肥料、农药或者膨大剂，您认为街坊四邻会发现"的感知显著强于对"如果您家在猕猴桃种植过程中，违规使用肥料、农药或者膨大剂，您认为村干部农户/中介农户会发现"的感知，即来自街坊四邻的监督比村干部农户/中介农户的监督更严格。从县域差异来看，周至县种植户和眉县种植户对监督机制感知的强弱与总体保持一致，但是眉县种植户对监督机制 1 和监督机制 2 的感知比周至县种植户更强烈，而周至县种植户对监督机制 3 的感知略强于眉县种植户，说明眉县种植户更关注街坊四邻、村干部农户/中介农户的监督，而周至县种植户更关注自身对其他种植户的监督。

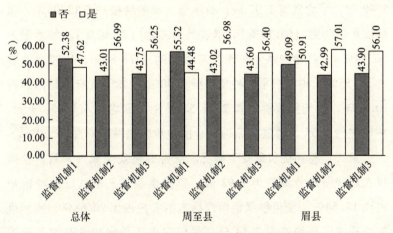

图 3-7　样本种植户对监督机制感知情况统计

六　本章小结

本章对样本区域猕猴桃种植的基本情况进行说明，交代实地调研数据来源，包括调研对象的选择、调研问卷设计的思路以及调研样本点的选择，并基于调研数据，运用统计分析法，分析猕猴桃种植户概况、猕猴桃质量安全特征以及猕猴桃种植户生产行为特征。具体结论如下。

第一，猕猴桃种植户和猕猴桃种植概况。从猕猴桃种植户特征来看，95.11%的受访种植户户主是男性户主，55 岁及以下的农户占比为 67.66%，文化水平以中小学及以下为主（82.34%），种植年限在 6 以上的农户占比 88.72%；种植户家庭人口以 4～5 人为主，占 56.11%，家庭参与猕猴桃种植的劳动力数量以 2 人及以下为主，占 49.86%，猕猴桃种植收入占家庭收入大于 50% 的家庭占 66.04%，家庭猕猴桃劳动时间以"男女持平"为主，占 49.18%。

从猕猴桃种植生产经营特征来看，种植户耕地面积平均为 5.40 亩，平均拥有 2.97 块，有承包土地的种植户占 12.05%，耕地以平地为主（68.18%），其次为河滩地（25.07%），坡地最少（6.74%）；种植户认为耕地非常适合的占 73.81%，比较适合的占 24.55%；种植户平均种植面积 4.90 亩，属于政府示范园的占 10.42%，亩均猕猴桃产量 2626.51 千克，亩均收入 5965.74 元，户均种植 1.65 个猕猴桃品种，有换种意愿的种植户占 25.30%。

第二，猕猴桃质量安全概况。从猕猴桃安全属性来看，猕猴桃农药残留评分均值为 1.92 分，猕猴桃获得三品认证的种植户占比 13.54%，使用猕猴桃地理标志的农户占比 20.68%，猕猴桃等级规格评分均值为 2.14 分，种植户生产猕猴桃没有次品果的占比为 24.26%。

第三，猕猴桃种植户质量安全控制行为概况。从种植户农资投入行为来看，农药投入 89.46 元/（年·亩），化肥投入 965.08 元/（年·亩），农家肥投入 333.55 元/（年·亩），灌溉投入 80.19 元/（年·亩），花粉投入 85.33 元/（年·亩），亩均猕猴桃建园成本 3128.13 元，亩均专用设备投资 590.32 元，家庭劳动力投入均值为 2.06 人，有雇用情况的种植户占到 31.10%，亩均劳动天数为 98.17 天/人。

从猕猴桃种植户的安全控制行为来看，59.23% 的种植户了解休药期，72.62% 的种植户重视农药防治效果，了解农药残留的种植户占比 54.17%，使用低毒农药的种植户占比 92.41%，接受农药使用指导的种植户占比 86.82%，种植户休药期控制行为评分为 2.36 分，对农药浓度控制行为评分为 2.66 分，执行农药残留控制行为的农户占比 41.22%。由此可以知道种植户较多采纳猕猴桃安全控制行为，在猕猴桃生产过程中，对猕猴桃安全属性比较重视。

从猕猴桃种植户品质控制行为来看，申请地标使用的种植户占比 21.28%，有过参加培训经历的种植户占比 79.17%，增加有机肥施用量的种植户占比 56.25%，有 78.42% 的种植户在猕猴桃种植过程中使用了膨大剂，在过去一年 68.75% 的种植户减少了膨大剂的施用量。而种植户质量安全控制技术采纳行为基本情况为，人工授粉技术和科学修剪技术采纳率较高，分别达到 99.70% 和 91.22%；生物防治技术、定量挂果技术和水肥一体技术采纳率超过 50%，分别为 81.55%、73.96% 和 52.23%；而配方施肥技术、果园生草技术和沼果结合技术采纳率尚不足 50%，分别为 30.95%、26.04% 和 17.41%。从农业技术人员学习品质控制技术的农户占比为 23.21%，通过参加技术培训获得品质控制技术的农户占比为 47.62%，从农民专业合作社或者农业龙头企业（组织技术）获得品质控制技术的农户占比为 55.30%，从其他农户那里学习品质控制技术的农户占比为 10.71%，通过个人种植经验积累获得品质控制技术的占比为 77.83%。技术培训组织者重要程度从高到低依次为村委会、农资公司、乡镇政府、市县政府和自费，参加过上述组织者组织的技术培训农户占比依次为 43.60%、31.25%、20.68%、12.65% 和 0.89%。

第四，农户自主治理概况。从农户自主治理成员构成来看，村干部农户、精英农户、技术农户、中介农户和普通农户是构成农户自主治理的成员，而上级政府、农资企业、农业科技特派员、采购商、其他农户、社会公众、消费者等外部主体形成农户自主治理外部环境。从农户自主治理形成和运行机制来看，村干部农户/中介农户承担农户自主治理发起人角色，借助社会网络关系发动村民加入，通过集体协商制定集体规范，借助信任关系和监督机制纠正非规范生产行为，从而实现规范生产的目的，保护村庄良好声誉并实现农产品质量安全源头治理。从农户自主治理特征要素来看，猕猴桃种植户对集体规范的重视态度比采纳集体规范行为更强，对街坊四邻的信任水平高于对村干部农户/中介农户的信任水平，对街坊四邻监督的感知比对村干部农户/中介农户监督的感知更强。就县域差异来看，周至县种植户对信任关系的感知强于眉县种植户，而且更关注对街坊四邻行为的监督，但眉县种植户对村干部农户/中介农户的信任关系的感知比周至县更强，对街坊四邻和村干部农户/中介农户的监督的感知比周至县更强。

第四章

农户自主治理对猕猴桃质量安全影响分析

本章内容将检验农户自主治理是否对猕猴桃质量安全产生影响，验证农户自主治理是否有利于规范农户质量安全控制行为。选择猕猴桃是否获得三品一标认证、猕猴桃等级规格、猕猴桃质量水平以及猕猴桃农药残留作为猕猴桃质量安全的代理变量，选择种植户户主特征、家庭特征以及土地禀赋作为控制变量，通过构建计量模型检验农户自主治理是否显著影响猕猴桃质量安全水平。结合因变量数值特征，选择不同的计量方法建模分析，其中，猕猴桃是否获得"三品一标"认证和猕猴桃"质量水平"均为二值变量，可以分别与猕猴桃种植户是否参与"农户自主治理"联立方程，通过构建双变量 Probit 模型进行分析，而猕猴桃"等级规格"和猕猴桃"农药残留"为排序变量，可以使用有序 Probit 模型进行分析。同时在自变量中选择种植户所处的组织环境（是不是龙头企业或合作社成员、是不是政府示范园成员）作为农户自主治理的比较变量，通过将处于不同组织环境的种植户生产的猕猴桃质量安全特征进行比较，有助于准确把握农户自主治理在猕猴桃质量安全方面发挥的作用。

一 农户自主治理影响猕猴桃
质量安全理论分析

（一）猕猴桃质量安全的度量

猕猴桃质量安全的度量可以参照农产品质量安全的度量进行设定，近年来，不少学者对农产品质量安全的度量方法进行了讨论。有学者提出从是否安全、营养成分、价值高低、包装环节和过程控制等 5 种属性理解食品安全概念的内涵（Caswell，1998）。也有学者认为农产品质量安全可以分成质量属性和安全属性，质量属性与农产品的外观与内在特质相关，包括外观、颜色、形状、重量以及口感和味道等感官特征因素，而安全属性与人体健康相关，包括农药（兽药）残留程度和是否被重金属污染等健康风险的因素（Antle，2001）。上述方法仅从农产品质量安全概念界定的视角进行分析，尽管有利于农产品质量安全内涵的理解，但并不利于农产品质量安全的数量化。

事实上，农产品质量安全具有潜变量的特性，很难用统一的综合指标表示（钟真、陈淑芬，2014）。然而仍有不少学者尝试构建农产品质量安全的数量化指标，定义农产品质量安全指标 $Q = s \times q$，其中 s 代表安全属性，当 $s = 1$ 时表示农产品安全，当 $s = 0$ 时表示农产品不安全，q 代表品质属性，表现为一个非负的连续变量，则 $Q \subseteq （0，q）$ 就是农产品质量安全数量化的结果（钟真、孔祥智，2012）。也有学者将农产品获得的认证情况作为度量农产品质量安全的指标，分别将"农产品没有获得任何认证"、"至少获得一种认证并对农资和生产过程进行控制"以及"至少获得一种认证并对农资和生产过程进行控制且可追溯"作为农产品质量安全的三种不同水平（李凯等，2015）。此外，还有学者从农产品采购商视角对农产品质量安全进行度量，采用农产品

"被拒收次数"这一指标来衡量农产品质量安全的总体水平（钟真等，2016）。

基于上述研究成果，同时考虑到"农产品质量安全是很难直接数量化度量的复杂概念"（郑少锋，2016）的特征，本书选择多个变量，从不同视角尝试对猕猴桃质量安全进行数量化度量，具体包括"三品一标"、"等级规格"、"质量水平"和"农药残留"四个猕猴桃质量安全的代理变量。其中，"三品一标"是从农产品是否获得认证角度对猕猴桃质量安全进行的定义，获得认证的猕猴桃往往质量安全水平更高，该变量根据样本种植户生产的猕猴桃是否获得"绿色食品、有机农产品、无公害农产品和猕猴桃地理标志"等认证进行赋值；"等级规格"是从农产品等级评价视角对猕猴桃质量安全进行的定义，等级越高的猕猴桃，其质量安全水平往往也越高，该变量参照《NY/T 1794—2009 猕猴桃等级规格》①对猕猴桃等级进行赋值；"质量水平"是从猕猴桃采购商的视角定义猕猴桃质量安全，根据调研实践可知，采购商通常将种植户猕猴桃分成商品果和次品果两类，采购商仅收购商品果，可以认为如果种植户的猕猴桃没有次品果则其质量安全水平较高，如果有次品果则其质量安全水平较低，据此设置该变量，即根据种植户是否有次品果进行赋值；"农药残留"从农产品安全水平角度定义猕猴桃安全属性，根据种植户采摘时间和采摘前施用农药的间隔长短进行赋值。

（二）猕猴桃质量安全的影响因素

参照已有学者对蔬菜质量安全影响因素的研究成果（周洁红等，2017），将猕猴桃质量安全的影响因素分成户主特征、家庭

---

① 该标准来源于中国农产品质量安全网，具体链接为 http://www.sdtdata.com/fx/fpfree/showDoc.jsp。

特征、土地禀赋和组织环境等，重点考察组织环境因素（是否参与农户自主治理、是否参与合作社或龙头企业、是否属于政府示范园）对猕猴桃质量安全的影响，希望通过比较处于不同组织环境的种植户生产的猕猴桃质量安全水平差异，阐明农户自主治理对猕猴桃质量安全的影响（见图4-1）。

（1）政府示范园对猕猴桃质量安全影响分析

政府规制作为重要的市场干预手段，对提高农产品质量安全水平具有积极作用。当农产品市场因信息不对称而失灵时，政府可以借助自身公信力，依靠政府信誉为农产品质量安全背书，从而降低消费者与生产者之间的农产品质量安全信息的不对称程度，促进"优质优价"农产品市场机制的形成，有利于农产品质量安全水平的提高（李功奎、应瑞瑶，2004）。为保障农产品质量安全，我国政府正在构建新型农产品质量安全监管体系，完善农产品质量安全政策体系，并借助"三品一标"认证推广农产品质量安全标准（唐爱慧等，2015）。政府规制缓解"信息不对称"的持续有效依赖不断降低的监管成本以及不断降低的伪劣农产品收益（徐金海，2007）。与农产品质量安全法律法规比较，农产品质量安全保障实践操作层面的具体规制手段更能引起农户的注意，因此对农户的影响也更显著（宋英杰、李中东，2013），为此政府倾向于通过示范园建设带动周边农户，实现保障生产环节农产品质量安全的目标。在陕西猕猴桃种植区域，为提高猕猴桃质量安全水平或者推广猕猴桃生产技术，各级政府主导建设了数量众多、规模各异的猕猴桃示范园，通过划片方式将一定数量的农户纳入示范园，借助行政命令、资金补贴以及监督管制约束农户猕猴桃种植行为。可以认为，猕猴桃示范园是各级政府规制最完善的试验田，因此，参与政府示范园有利于猕猴桃质量安全水平的提高。

（2）农民专业合作社对猕猴桃质量安全影响分析

也有学者关注到农民专业合作社对农产品质量安全的积极意

义，从产业链角度分析，"合作社＋农户"生产模式提高了我国农户组织化程度，可以激励生产者承担农产品质量安全主体责任，使合作社成为农产品源头治理的基本单元，从而促进农产品质量安全水平的提升（胡定寰等，2006；汪普庆等，2009；华红娟、常向阳，2011；张会，2012）。农民专业合作社能够承担保障农产品质量安全的主体责任，有利于改变买卖双方对农产品质量安全的预期，促进"优质优价"机制形成，促进农产品质量安全的改善（顾莉丽、郭庆海，2015），农民专业合作社扩大了农产品规模化生产，促使合作社采取产品自检方式保障农产品质量安全。农民专业合作社成员相互熟悉，可以实施成员相互监督，能够形成较强的行为约束机制（鄢贞、周洁红，2015；高锁平、裴红罗，2011）。在合作社成员间共享农产品生产行为信息，激励成员农户采纳质量安全控制行为，有利于合作社"优质"农产品信誉的形成（欧阳琦、石岿然，2012），尤其是农民专业合作社提供的经济奖励，能够激励农户自觉增强对农产品质量的认知，促进农户更多采纳农产品质量安全控制行为（费威，2013），从而有利于农产品质量安全的保障。因此，参与农民专业合作社有利于保障猕猴桃的质量安全。

（3）农户自主治理对猕猴桃质量安全影响分析

农户自主治理作为特殊的农民合作组织，其内部集体规范、信任关系和监督机制将影响猕猴桃种植户，引导和约束种植户的质量安全控制行为，从而实现保障猕猴桃质量安全的目标。猕猴桃农户自主治理制定的集体规范实质上就是保障猕猴桃质量安全的生产行为标准。集体规范中所规范的猕猴桃生产行为是对猕猴桃种植户长期猕猴桃生产经验的总结，是这些丰富种植经验的标准化表述，保障和提升猕猴桃质量安全正是该集体规范的重要目标。当猕猴桃种植户参与农户自主治理后，种植户的猕猴桃生产决策和生产行为将受到农户自主治理集体规范的影响，在信任关系的作用下，种植户倾向于采取符合集体规范的猕猴桃生产决策和生产行为，有利于保障猕猴桃质量安全。当猕猴桃种植户参与农户自主治理后，如果种植户的猕猴桃生产决策和生产行为未受到农户自主治理集体规范的影响，则在监督机制的作用下，种植户鉴于其"威慑力"，不敢也不能采取不符合集体规范的猕猴桃生产决策和生产行为，最终被动执行集体规范，同样有利于猕猴桃质量安全水平的提升。因此，参与农户自主治理有利于保障猕猴桃的质量安全。

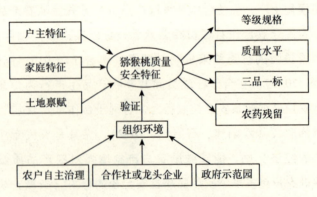

图 4 - 1   农户自主治理对猕猴桃质量安全影响理论分析

二   农户自主治理影响猕猴桃质量安全模型构建

考虑到猕猴桃质量安全代理变量具有离散分布而非连续分布的特点，本书主要采用双变量 Probit 模型和有序 Probit 模型进行回归估计，模型的估算方法如下。

（1）双变量 Probit 模型

当选择"三品一标"和"质量水平"作为猕猴桃质量安全代理变量时，猕猴桃质量安全水平具有二值变量特点。"获得三品一标认证"或"没有次品果"表示猕猴桃质量安全水平较高，而"未获得三品一标认证"或"有次品果"表示猕猴桃质量安全水平较低。此时，选择双变量 Probit 模型进行估计，通过将猕猴桃质量安全和种植户是否参与农户自主治理构建方程组，可以有效剔除其他因素的影响，系统考察二者之间的影响机制。双变量 Probit 模型能够同时对猕猴桃种植户是否参与农户自主治理的影响因素、猕猴桃质量安全水平高低的影响因素以及参与农户自主治理是否对猕猴桃质量安全水平高低产生影响进行估计，可以避免有偏估计。

猕猴桃种植户是否参与农户自主治理和猕猴桃质量安全水平高低有四种关系："参与农户自主治理，低质量安全水平猕猴桃"、"参与农户自主治理，高质量安全水平猕猴桃"、"未参与农户自主治理，低质量安全水平猕猴桃"和"未参与农户自主治理，高质量安全水平猕猴桃"。农户生产的猕猴桃质量高低和是否参与农户自主治理存在相关性时，需要同时考虑两个被解释变量的发生概率，具体考察以下模型：

$$\begin{cases} y_1^* = x_1'\beta_1 + \varepsilon_1 \\ y_2^* = x_2'\beta_2 + \varepsilon_2 \end{cases} \qquad (4-1)$$

其中，y_1^*、y_2^* 分别表示猕猴桃种植户是否参与农户自主治理决策和生产的猕猴桃质量安全水平高低的决策，均为不可观测的潜变量，扰动项（ε_1，ε_2）服从二维联合正态分布，期望为 0，方差为 1，而相关系数为 ρ，即：

$$\begin{pmatrix} \varepsilon_1 \\ \varepsilon_2 \end{pmatrix} \sim N \left\{ \begin{pmatrix} 0 \\ 0 \end{pmatrix}, \begin{bmatrix} 1 & \rho \\ \rho & 1 \end{bmatrix} \right\} \qquad (4-2)$$

猕猴桃种植户是否参与农户自主治理行为 y_1 和猕猴桃质量安全水平高低 y_2 由以下方程决定：

$$y_1 = \begin{cases} 1, 若 y_1^* > 0 \\ 0, 若 y_1^* \leqslant 0 \end{cases} \qquad (4-3)$$

$$y_2 = \begin{cases} 1, 若 y_2^* > 0 \\ 0, 若 y_2^* \leqslant 0 \end{cases} \tag{4-4}$$

如果 $x_1 = x_2$（两个方程的解释变量完全相同），则方程（4-1）到方程（4-4）被称为"双变量 Probit 模型"；反之，如果 $x_1 \neq x_2$（两个方程的解释变量不完全相同），则方程（4-1）到方程（4-4）被称为"似不相关双变量 Probit 模型"。此时这两个方程唯一的联系是扰动项的相关性。当 $\rho \neq 0$ 时，可写下 (y_1, y_2) 的取值概率，然后进行最大似然估计。① 当处于"参与农户自主治理，高质量安全水平猕猴桃"的情况时，其相关系数为：

$$\begin{aligned} \rho_{11} &= P(y_1 = 1, y_2 = 1) = P(y_1^* > 0, y_2^* > 0) \\ &= P(\varepsilon_1 > -x_1'\beta_1, \varepsilon_2 > -x_2'\beta_2) = P(\varepsilon_1 < x_1'\beta_1, \varepsilon_2 < x_2'\beta_2) \quad (4-5) \\ &= \int_{-\infty}^{x_1'\beta_1} \int_{-\infty}^{x_2'\beta_2} \varphi(z_1, z_2, \rho) \, \mathrm{d}z_1 \, \mathrm{d}z_2 = \Phi(z_1, z_2, \rho) \end{aligned}$$

其中，$\varphi(z_1, z_2, \rho)$ 和 $\Phi(z_1, z_2, \rho)$ 分别是标准化的二维正态分布的概率密度函数与累积分布函数，期望为 0，方差为 1，而相关系数为 ρ。类似的，"参与农户自主治理，低质量安全水平猕猴桃"、"未参与农户自主治理，低质量安全水平猕猴桃"和"未参与农户自主治理，高质量安全水平猕猴桃"的系数 ρ_{10}、ρ_{01}、ρ_{00} 均可被计算，将这些概率取对数后加总，得到对数似然函数。最后，检验原假设"$H_0: \rho = 0$"，可判断是否有必要使用双变量 Probit 模型。

（2）有序 Probit 模型

当选择猕猴桃"等级规格"和"农药残留"作为猕猴桃质量安全代理变量时，猕猴桃质量安全水平具有排序变量特点。规格等级分成"二级、一级、特级"，农药残留分成"重度残留、轻度残留、无残留"，依次表示猕猴桃质量安全水平升高。此时选

---

① 当 $\rho = 0$ 时，如果对两个被解释变量分别构建 Probit 模型，则可能损失效率，但依然为一致估计。

择 Ordered Probit 模型进行估计。Ordered Probit 模型预测模型的一般形式为：

$$y^* = x^{'}\beta + \varepsilon \qquad (4-6)$$

其中，y^* 为猕猴桃质量安全不可观测变量，$x^{'}$ 为自变量向量，β 表示自变量的估计系数，ε 为服从正态分布的随机误差项。

由于猕猴桃质量安全的可观测变量 y 的取值取决于 y^* 与临界值的比较，故：

$$y = \begin{cases} 0, 若 y^* \leqslant r_0 \\ 1, 若 r_0 < y^* \leqslant r_1 \\ 2, 若 r_1 < y^* \leqslant r_2 \\ \quad \vdots \\ J, 若 y^* > r_{J-1} \end{cases} \qquad (4-7)$$

其中，$r_0 < r_1 < r_2 < \cdots < r_{J-1}$ 为待估参数，被称为"切点"。

假设 $\varepsilon \sim N(0, 1)$（将扰动项 ε 的方差标准化为 1），则：

$$P(y=0|x) = P(y^* \leqslant r_0|x) = P(x^{'}\beta + \varepsilon \leqslant r_0|x)$$
$$= P(\varepsilon \leqslant r_0 - x^{'}\beta|x) = \Phi(r_0 - x^{'}\beta)$$
$$P(y=1|x) = P(r_0 < y^* \leqslant r_1|x)$$
$$= P(y^* \leqslant r_1|x) - P(y^* \leqslant r_0|x)$$
$$= P(x^{'}\beta + \varepsilon \leqslant r_1|x) - \Phi(r_0 - x^{'}\beta)$$
$$= P(\varepsilon \leqslant r_1 - x^{'}\beta|x) - \Phi(r_0 - x^{'}\beta) \qquad (4-8)$$
$$= \Phi(r_1 - x^{'}\beta) - \Phi(r_0 - x^{'}\beta)$$
$$P(y=2|x) = \Phi(r_2 - x^{'}\beta) - \Phi(r_1 - x^{'}\beta)$$
$$\vdots$$
$$P(y=J|x) = 1 - \Phi(r_{J-1} - x^{'}\beta)$$

据此，可写出样本似然函数，并得到 MLE 估计量，即有序 Probit 模型。

三　变量选取与统计分析

（一）质量安全变量的选取

猕猴桃质量安全变量的选取如表 4-1 所示。在猕猴桃品质方面，选择"三品一标"、"等级规格"和"质量水平"三个变量作为评价猕猴桃品质属性的代理变量；在猕猴桃安全方面，选择"农药残留"作为评价猕猴桃安全属性的代理变量。此外，结合本书研究目的，选择"农户自主治理"作为识别猕猴桃种植户是否参与农户自主治理的代理变量。由表 4-1 可知，猕猴桃种植户参与农户自主治理的概率为 9.52%；猕猴桃获得三品一标认证的种植户的概率为 13.54%；农户的猕猴桃无次品果的概率为 24.26%；猕猴桃等级规格的均值为 2.1414，略高于一级标准；猕猴桃农药残留程度为 1.9241，接近轻度残留的情况。

表 4-1　猕猴桃质量安全变量的含义和赋值

变量名称	变量解释	最小值	最大值	均值
农户自主治理	是 =1，否 =0	0	1	0.0952
三品一标	是 =1，否 =0	0	1	0.1354
质量水平	无次品果 =1，有次品果 =0	0	1	0.2426
等级规格	二级 =1，一级 =2，特级 =3	1	3	2.1414
农药残留	重度残留 =1，轻度残留 =2，无残留 =3	1	3	1.9241

注：＊若 Biprobit 模型不适用，则选择 Logit 模型估计。

（二）质量安全影响因素的选取

本书将影响猕猴桃质量安全的因素分成五类：一是猕猴桃种植户户主特征变量，包括户主性别、年龄、文化程度、是否兼业和种植年限 5 个变量；二是猕猴桃种植户家庭特征变量，包括家庭人口、家庭劳动力、家庭负担系数和猕猴桃收入占比 4 个变量；三是猕猴桃种植户耕地特征变量，包括耕地面积、耕地块数、是否承包、地理位置和是否适合（是否适合种植猕猴桃）5 个变量；四是猕猴桃种植特征变量，包括种植面积、成本总额和农资成本 3 个变量；五是猕猴桃种植户组织参与情况，包括政府示范园和合作社或龙头企业 2 个变量。表 4-2 展示了上述变量的含义与描述统计情况。

表 4-2 猕猴桃质量安全影响因素的含义与描述统计

变量名称	含义	均值	标准差	最小值	最大值
性别	男=1，女=0	0.95	0.22	0	1
年龄	2016 年实际年龄	51.83	9.76	26	85
文化程度	受教育年限	6.98	3.23	0	15
是否兼业	是=1，否=0	0.30	0.46	0	1
种植年限	2016 年实际种植年数	12.15	5.71	1	30
家庭人口	家庭人口总数	4.80	1.36	1	12
家庭劳动力	参加猕猴桃种植人数	2.81	1.07	1	8
家庭负担系数	家庭人口/家庭劳动力	1.91	0.85	1	7
收入占比	猕猴桃收入/家庭收入	2.03	0.94	1	4
耕地面积	包括承包地的总亩数	5.40	2.38	1	20
耕地块数	耕地分成几块	2.97	1.28	1	9
是否承包	承包他人土地=1，否=0	0.11	0.31	0	1
地理位置	坡地=1，平地=2，河滩地=3	2.03	0.55	1	3
是否适合	是=1，不清楚=2，否=3	2.72	0.48	1	3
种植面积	猕猴桃种植面积	4.90	2.36	0.5	17
成本总额*	投资成本含建园成本和专用设备投资	5348.39	2170.93	854.26	16727.5
农资成本*	农资投入不含建园成本和专用设备投资	1588.12	791.55	200	4932.5
政府示范园	是=1，否=0	0.10	0.31	0	1

变量名称	含义	均值	标准差	最小值	最大值
合作社或龙头企业	是 = 1，否 = 0	0.20	0.40	0	1

注：＊该数值为亩均成本。

四　农户自主治理影响猕猴桃质量安全结果分析

（一）农户自主治理与猕猴桃获得三品一标认证联立方程分析

（1）猕猴桃获得三品一标认证影响因素分析

由表 4 - 3 的猕猴桃获得三品一标认证方程可知以下方面。

首先，猕猴桃种植户参与农户自主治理对猕猴桃获得三品一标认证具有显著的正向作用，参与农户自主治理的种植户的猕猴桃获得三品一标认证的概率要显著高于未参与农户自主治理的种植户，而且该变量系数估计值为 2.3148，显著大于其他变量的估计系数。通过参与农户自主治理，猕猴桃种植户迫切需要设置区分猕猴桃的标志，即将农户自主治理成员的猕猴桃标识为无公害农产品、绿色食品和有机农产品，这就成为设置标志的重要途径，因此农户自主治理成员的猕猴桃获得三品一标认证的概率将显著高于其他农户。

其次，猕猴桃种植户参加农民专业合作社或者成为农业龙头企业成员对其猕猴桃获得三品一标认证也具有显著正向作用，参加这两类组织的种植户的猕猴桃获得三品一标认证的概率是未参加种植户的 116.68%，通过加入农民专业合作社或者成为农业龙头企业成员，猕猴桃种植户生产行为将受到组织约束，组织化后的种植户对猕猴桃获得产品认证的需要和要求也就更高。

再次，猕猴桃种植户的成本总额和农资成本对其猕猴桃获得三品一标认证具有显著影响，但是成本总额为正向作用而农资成本为负向作用，其原因可能是，三品一标认证对猕猴桃园和农资使用有规定，因为成本总额包含建园成本，一般情况是建园成本越大，猕猴桃园标准越高，猕猴桃越容易通过三品一标认证，故其系数为正；但是如果三品一标认证需要的猕猴桃种植户农资成本升高过快，将导致种植户难以满足农资投入的要求，反而会抑制种植户的猕猴桃获得三品一标认证。

最后，户主特征、家庭特征和耕地特征等因素并不显著影响种植户的猕猴桃获得三品一标认证。这也从侧面反映出在当前农业生产领域，上述因素已经不再是影响猕猴桃质量安全的关键因素，组织化替代上述因素开始对质量安全发挥作用。

（2）猕猴桃种植户参与农户自主治理影响因素分析

根据表 4-3 的种植户参与农户自主治理方程可以得出以下方面。

首先，户主特征中的年龄变量和种植年限变量对猕猴桃种植户参与农户自主治理有显著影响。其中年龄对猕猴桃种植户参与农户自主治理为负向影响，即种植户年龄越大，其参与农户自主治理的概率越低；种植年限变量对猕猴桃种植户参与农户自主治理为正向影响，即随着猕猴桃种植时间的增加，种植户参与农户自主治理的概率逐渐增加。综合考虑年龄和种植年限因素可知，当年龄变量相同时，种植户种植年限越长，参与农户自主治理的概率越大；而当种植年限变量相同时，种植户年龄越大，参与农户自主治理的概率越低。

其次，耕地特征变量中的耕地块数、地理位置和是否适合对猕猴桃种植户参与农户自主治理有显著影响。其中耕地块数对种植户参与农户自主治理表现为负向影响，即耕地块数越多，猕猴桃种植户参与农户自主治理的概率越低；地理位置和适合种植猕猴桃对种植户参与农户自主治理为正向影响，即耕地位置越靠近水源（从坡地到平地，再到河滩地），猕猴桃种植户参与农户自主治理的概率越高，耕地越适合种植猕猴桃，种植户参与农户自主治理的概率越高。综合考虑上述三个变量可知，猕猴桃种植户耕地条件越好（分块少、近水源、适合种植），其参与农户自主治理的概率越高。

再次，种植特征变量中的种植面积和农资成本对种植户参与农户自主治理存在显著正向影响，即种植面积越大，农资成本投入越多，猕猴桃种植户参与农户自主治理的概率越高。由此可知，猕猴桃种植户拥有的资源总量（耕地面积）并不影响其参与农户自主治理的行为，而资源投入（种植面积）才对其参与农户自主治理产生影响。

最后，猕猴桃种植户家庭特征变量对种植户参与农户自主治理没有显著影响，这表明家庭人口、家庭劳动力以及收入占比等变量相对其他变量而言，不是决定种植户是否参与农户自主治理的关键因素。

表4-3　农户自主治理与猕猴桃获得三品一标认证影响因素的估计结果

变量名称	种植户参与农户自主治理方程			猕猴桃获得三品一标认证方程		
	估计系数	标准差	P > ｜Z｜	估计系数	标准差	P > ｜Z｜
性别	0.1023	0.3909	0.7940	- 0.2045	0.3326	0.5390
年龄	- 0.0298 ***	0.0069	0.0000	- 0.0008	0.0062	0.8920
文化程度	0.0051	0.0195	0.7930	- 0.0125	0.0203	0.5360
是否兼业	0.1363	0.1615	0.3990	0.0877	0.1391	0.5280
种植年限	0.0439 ***	0.0127	0.0010	0.0035	0.0117	0.7660
家庭人口	0.0699	0.1387	0.6140	- 0.0264	0.0951	0.7820
家庭劳动力	- 0.1452	0.2189	0.5070	0.0392	0.1518	0.7960
家庭负担系数	- 0.1787	0.3212	0.5780	0.0040	0.1945	0.9840
收入占比	0.0132	0.0812	0.8710	- 0.1145	0.0741	0.1220
耕地面积	- 0.0062	0.0567	0.9130	0.0609	0.0715	0.3940

续表

变量名称	种植户参与农户自主治理方程			猕猴桃获得三品一标认证方程		
	估计系数	标准差	P > | Z |	估计系数	标准差	P > | Z |
耕地块数	- 0. 2213 ***	0. 0639	0. 0010	0. 0390	0. 0598	0. 5150
是否承包	- 0. 2086	0. 2850	0. 4640	- 0. 3723	0. 2754	0. 1760
地理位置	0. 2008 *	0. 1207	0. 0960	0. 0073	0. 1106	0. 9470
是否适合	0. 4057 **	0. 1617	0. 0120	0. 0516	0. 1266	0. 6830
种植面积	0. 1073 *	0. 0617	0. 0820	- 0. 0590	0. 0697	0. 3980
成本总额	- 0. 00001	0. 0000	0. 5680	0. 0001 **	0. 0000	0. 0140
农资成本	0. 0003 ***	0. 0001	0. 0010	- 0. 0002 **	0. 0001	0. 0220
农户自主治理				2. 3148 ***	0. 1707	0. 0000
政府示范园	- 0. 3919	0. 2856	0. 1700	0. 3138	0. 1937	0. 1050
合作社或龙头企业	- 0. 4503 **	0. 1897	0. 0180	1. 1668 ***	0. 1425	0. 0000
常数项	- 1. 9366 **	0. 8083	0. 0170	- 1. 4241 **	0. 6680	0. 0330
最大似然函数	- 391. 0401					
Rho	- 1	7. 42e - 12	athrho	- 13. 7891	1. 6956	0. 000
Wald test of rho = 0	chi2（1）= 66. 1341			Prob > chi2 = 0. 0000		

注：* 表示 10% 的显著性水平，** 表示 5% 的显著性水平，*** 表示 1% 的显著性水平。

（二）农户自主治理与猕猴桃质量水平联立方程分析

（1）猕猴桃质量水平影响因素分析

根据表 4－4 猕猴桃质量水平方程进行分析。猕猴桃种植户参与农户自主治理对猕猴桃质量水平有显著正向影响，且该变量估计系数为 2.0358，表明种植户由不参与农户自主治理转变为参与农户自主治理，猕猴桃质量水平提高 203.58%，提升非常明显；政府示范园变量、合作社或龙头企业变量对猕猴桃质量水平影响不显著，可能的原因是，政府示范园、合作社或龙头企业等组织提高了猕猴桃质量评价标准，由此导致次品果显著增加，故而产生影响不显著的结果，并不能直接说明政府示范园、合作社或龙头企业组织成员生产的猕猴桃质量水平低。在其他估计变量中，性别变量对猕猴桃质量水平有显著正向影响，说明户主由女性转变为男性，猕猴桃质量水平提升63.56%；耕地块数和是否承包变量对猕猴桃质量水平影响显著，综合考虑这两个变量，说明承包他人土地导致耕地块数增加，进而增加了猕猴桃种植对于该农户的重要程度，其投入资金、时间和精力均显著增加，从而导致猕猴桃质量水平显著上升；成本总额（包括建园成本、专用设备投入和农资成本）变量对猕猴桃质量水平有显著正向影响，而农资成本不再单独显著影响猕猴桃质量水平，这在一定程度上表明，猕猴桃园基础设施对猕猴桃质量水平有显著的影响。

（2）猕猴桃种植户参与农户自主治理影响因素分析

根据表4-4的种植户参与农户自主治理方程进行分析。首先，户主特征中的年龄变量和种植年限变量对猕猴桃种植户参与农户自主治理有显著影响，年龄变量为负向影响，种植年限变量为正向影响，这与表4-3结果相同，表明种植户年龄越大，参与农户自主治理的概率越低；种植户种植年限越长，参与农户自主治理的概率逐渐增加。综合考虑两变量可知，当年龄变量相同时，种植户种植年限越长，参与农户自主治理的概率越大；而当种植年限变量相同时，种植户年龄越大，参与农户自主治理的概率越低。其次，耕地特征变量中的耕地块数和是否适合对猕猴桃种植户有显著影响，即耕地块数越多，猕猴桃种植户参与农户自主治理的概率越低；同时耕地越适合种植猕猴桃，种植户参与农户自主治理的概率越高。总之猕猴桃种植户耕地条件越好（分块少、适合种植），其参与农户自主治理的概率越高。再次，种植特征变量中的农资成本对猕猴桃种植户参与农户自主治理存在显著正向影响，即农资成本投入越高，猕猴桃种植户参与农户自主治理的概率越高。最后，家庭特征变量对种植户参与农户自主治理没有显著影响，这表明家庭人口、家庭劳动力以及收入占比等变量相对其他变量而言，不是决定种植户是否参与农户自主治理的关键因素。上述结论与表4－3相似，其中，虽然地理位置变量不再显著，但其系数仍为正值，说明地理位置越接近水源，猕猴桃种植户越倾向于参与农户自主治理。

表4－4　农户自主治理与猕猴桃质量水平影响因素的估计结果

变量名称	种植户参与农户自主治理方程			猕猴桃质量水平方程		
	估计系数	标准差	P > | Z |	估计系数	标准差	P > | Z |
性别	- 0.1550	0.3406	0.649	0.6356 **	0.3201	0.047
年龄	- 0.0237 ***	0.0074	0.001	0.0049	0.0060	0.417
文化程度	- 0.0215	0.0213	0.312	0.0050	0.0166	0.761
是否兼业	0.2149	0.1502	0.153	- 0.1360	0.1255	0.278
种植年限	0.0514 ***	0.0118	0.000	- 0.0022	0.0095	0.818
家庭人口	- 0.0259	0.1088	0.812	0.0627	0.0798	0.432
家庭劳动力	0.0049	0.1727	0.977	0.0449	0.1206	0.709
家庭负担系数	- 0.0574	0.2592	0.825	- 0.0474	0.1597	0.767
收入占比	0.0863	0.0762	0.257	- 0.0315	0.0632	0.618
耕地面积	0.0080	0.0548	0.885	- 0.0448	0.0501	0.371
耕地块数	- 0.1270 **	0.0564	0.024	0.0912 **	0.0437	0.037
是否承包	- 0.1921	0.2032	0.344	0.3044 *	0.1759	0.084
地理位置	0.1437	0.1131	0.204	- 0.1053	0.0961	0.274
是否适合	0.4388 ***	0.1462	0.003	- 0.0949	0.1086	0.382
种植面积	0.0883	0.0544	0.105	- 0.0652	0.0473	0.168
成本总额	0.0000	0.0000	0.529	0.0000 *	0.0000	0.100
农资成本	0.0003 ***	0.0001	0.001	- 0.0001	0.0001	0.311
农户自主治理				2.0358 ***	0.1062	0.000

变量名称	种植户参与农户自主治理方程			猕猴桃质量水平方程		
	估计系数	标准差	P > I ZI	估计系数	标准差	P > I ZI
政府示范园	− 0. 2318	0. 2181	0. 288	0. 1535	0. 1602	0. 338
合作社或 龙头企业	− 0. 2277	0. 1470	0. 121	0. 1428	0. 1251	0. 253
常数项	− 2. 7511 ***	0. 8165	0. 001	− 1. 3405 **	0. 6498	0. 039
最大似然函数	− 527. 66485					
Rho	− 1	4. 99e − 12	athrho	− 13. 9835	1. 7466	0
Wald test of rho = 0	chi2（1）= 64. 1007			Prob > chi2 = 0. 000		

注：* 表示 10% 的显著性水平，** 表示 5% 的显著性水平，*** 表示 1% 的显著性水平。

（三）农户自主治理与猕猴桃等级规格分析

从表 4 − 5 可以看出，农户自主治理对猕猴桃等级规格有显著正向影响，其系数为 1. 4231，表明猕猴桃种植户从未参与农户自主治理到参与农户自主治理，其猕猴桃等级规格提升 142. 31%；合作社或龙头企业对猕猴桃等级规格的影响显著，且符号为负，表明参加合作社或龙头企业的猕猴桃种植户，其猕猴桃等级规格显著下降，可能的原因是，合作社或龙头企业承包了成员猕猴桃种植户的产品的销售，其等级规格标准比其他采购商更加严格，故导致成员猕猴桃种植户的产品等级规格不升反降；种植面积变量对猕猴桃等级规格有显著正向影响，表明随种植面积的增加，猕猴桃种植户生产的猕猴桃质量安全水平有明显提升；农资成本变量对猕猴桃等级规格有显著正向影响，说明种植猕猴桃的农资成本，包括农药投入、化肥投入、农家肥投入等总额越高，猕猴桃等级规格越高，同时成本总额（未在表中列示）不显著影响猕猴桃等级规格，说明建园成本和专用设备投资对猕猴桃等级规格无显著影响。此外其他变量对猕猴桃等级规格影响均不显著。

表 4 - 5　猕猴桃等级规格影响因素估计结果

变量名称	估计系数	标准差	P > ∣Z∣	95%置信区间	
文化程度	- 0.0107	0.0141	0.450	- 0.0383	0.0170
种植年限	- 0.0038	0.0083	0.648	- 0.0202	0.0126
家庭劳动力	- 0.0536	0.0556	0.335	- 0.1625	0.0554
家庭负担系数	- 0.0583	0.0673	0.387	- 0.1902	0.0737
收入占比	- 0.0607	0.0515	0.239	- 0.1617	0.0404
耕地块数	- 0.0221	0.0386	0.566	- 0.0977	0.0534
是否承包	- 0.2333	0.1489	0.117	- 0.5251	0.0585
地理位置	- 0.0606	0.0846	0.474	- 0.2265	0.1054
是否适合	0.1187	0.0927	0.201	- 0.0631	0.3004
种植面积	0.0408 *	0.0228	0.073	- 0.0039	0.0856
农资成本	0.0001 *	0.0001	0.084	0.0000	0.0002
农户自主治理	1.4231 *	0.1963	0.000	1.0384	1.8078
合作社或龙头企业	- 0.3080 *	0.1112	0.006	- 0.5260	- 0.0900
切点估计 cut1	- 0.8662	0.3999		- 1.6500	- 0.0824
切点估计 cut2	0.4481	0.3994		- 0.3348	1.2310
卡方检验	LR chi2 (15) = 100.08			Prob > chi2 = 0.0000	
最大似然函数	Log likelihood = - 657.98274		R^2 检验	Pseudo R^2 = 0.0715	

（四）农户自主治理与猕猴桃农药残留分析

从表 4 - 6 可知，农户自主治理对猕猴桃农药残留具有显著正向影响，其估计系数为 1.1756，表明猕猴桃种植户从未参与农户自主治理到参与农户自主治理，猕猴桃农药残留水平显著下降，农药残留评分上升 117.56%；合作社或龙头企业对猕猴桃农药残留水平有显著正向影响，参与合作社或龙头企业的种植户生产的猕猴桃农药残留水平评分明显上升，农药残留程度明显下降；但是政府示范园对猕猴桃农药残留程度没有显著影响。在其他变量估计结果中，等级规格和农药残留认知对猕猴桃农药残留水平有显著正向影响，即猕猴桃等级规格越高，其农药残留程度越低，同时对农药残留有一定了解的猕猴桃种植户，其猕猴桃农药残留程度也较低。由表 4 - 6 也可以看到，三品认证、地标使用和质量水平对猕猴桃农药残留程度均无显著影响。此外，户主特征、家庭特征、耕地特征、种植特征等变量对猕猴桃农药残留程度均无显著影响。

表 4 - 6 猕猴桃农药残留影响因素估计结果

变量名称	估计系数	标准差	P > ∣Z∣	95% 置信区间	
性别	0.1921	0.2128	0.367	- 0.2250	0.6091
年龄	- 0.0006	0.0049	0.905	- 0.0103	0.0091
文化程度	0.0037	0.0149	0.802	- 0.0254	0.0328
种植年限	0.0112	0.0084	0.183	- 0.0053	0.0277
家庭人口	0.1078	0.0692	0.119	- 0.0278	0.2435
家庭劳动力	- 0.1126	0.1061	0.288	- 0.3206	0.0953
负担系数	- 0.1134	0.1326	0.393	- 0.3733	0.1466
收入占比	0.0574	0.0514	0.264	- 0.0433	0.1580
是否适合	0.1146	0.0957	0.231	- 0.0730	0.3022
种植面积	- 0.0319	0.0213	0.135	- 0.0737	0.0099
农资成本	0.0000	0.0001	0.505	- 0.0001	0.0002
农户自主治理	1.1756 ***	0.1796	0.000	0.8235	1.5276
政府示范园	0.0600	0.1492	0.688	- 0.2325	0.3525
合作社或龙头企业	0.9419 ***	0.1269	0.000	0.6931	1.1906
三品认证	0.1095	0.1424	0.442	- 0.1696	0.3887
地标使用	0.0644	0.1186	0.587	- 0.1681	0.2968
等级规格	0.2860 ***	0.0621	0.000	0.1643	0.4078
质量水平	0.1730	0.1116	0.121	- 0.0457	0.3918
农药残留认知	0.2586 ***	0.0893	0.004	0.0836	0.4336
切点估计 cut1	1.1381	0.5202		0.1185	2.1576
切点估计 cut2	2.6376	0.5262		1.6063	3.6688
卡方检验	LR chi2 (17) = 179.93			Prob > chi2 = 0.0000	
最大似然函数	Log likelihood = - 613.1825		R^2 检验	Pseudo R^2 = 0.1279	

五 本章小结

本章关注农户自主治理对猕猴桃质量安全的影响，选择"三品一标"、"等级规格"、"质量水平"和"农药残留"作为猕猴桃质量安全的代理变量。以田野调研数据为基础，通过构建双变量 Probit 模型、有序 Probit 模型，检验农户自主治理是否影响猕猴桃质量安全，并对猕猴桃质量安全的其他影响因素进行讨论，结论如下。

第一，农户自主治理对猕猴桃质量安全存在显著影响。参与农户自主治理的种植户生产的猕猴桃获得"三品一标"认证的概率更高，"等级规格"更高、"质量水平"更高，并且"农药残留"程度更低。这说明农户自主治理能够显著改善猕猴桃质量安全，对猕猴桃质量安全水平的提高有积极意义。

第二，合作社或龙头企业对猕猴桃质量安全有显著影响，但政府示范园对猕猴桃质量安全影响不显著。作为对比，本节内容同时检验合作社或龙头企业和政府示范园对猕猴桃质量安全的影响，结果发现合作社或龙头企业能够显著提升成员种植户猕猴桃获得"三品一标"认证的概率，提升猕猴桃"等级规格"，并降低猕猴桃"农药残留"程度，但对提升猕猴桃"质量水平"无显著影响。通过比较农户自主治理和合作社或龙头企业的系数，发现当两个变量均存在显著作用时，农户自主治理的系数显著大于合作社或龙头企业的系数，可以认为前者对猕猴桃质量安全的作用大于后者。

第三，猕猴桃种植户参与农户自主治理影响因素。首先，户主年龄和种植年限对猕猴桃种植户参与农户自主治理有显著影响，即当户主年龄相同时，种植户种植年限越长，参与农户自主治理的概率越大，而当种植年限相同时，种植户年龄越大，参与农户自主治理的概率越低；其次，耕地块数、地理位置和是否适合对猕猴桃种植户参与农户自主治理基本有显著影响，即猕猴桃种植户耕地条件越好（分块少、近水源、适合种植），其参与农户自主治理的概率越高；最后，种植面积和农资成本对猕猴桃种植户参与农户自主治理基本有显著影响，即种植面积越大，农资成本投入越多，猕猴桃种植户参与农户自主治理的概率越高。

此外，猕猴桃质量安全还受到其他变量的影响，比如猕猴桃种植户户主特征、家庭特征、耕地特征以及种植特征等变量对猕猴桃品质属性和安全属性有影响，但影响的一致性和稳定性不强，故本节不做特别解释。

农户自主治理对猕猴桃质量安全控制行为影响分析

通过第四章的分析发现，农户自主治理对农产品质量安全有积极作用，考虑到农产品质量安全控制行为与农产品质量安全的密切关系，本部分内容将分析农户自主治理对农产品质量安全控制行为的影响，验证农户自主治理是否有利于规范农产品质量安全控制行为。结合调研数据特点，本部分内容选择 PSM 模型进行估计，首先依据协变量（户主特征、家庭特征和土地禀赋）对猕猴桃种植户进行分组，然后通过 PSM 模型为参与农户自主治理的种植户在其他农户中选择或构建配对种植户，最后通过比较参与农户自主治理种植户匹配前后生产行为的差异来验证农户自主治理是否对种植户质量安全控制行为产生影响。本部分选择农资投入行为、猕猴桃安全控制行为和品质控制行为等作为猕猴桃种植户质量安全控制行为的代理变量，而每组质量安全控制行为均有数个变量进行表示，从 PSM 的比较结果将发现种植户参与农户自主治理后的哪些质量安全控制行为发生变化以及变化的方向。

一　农户自主治理影响猕猴桃质量安全控制行为理论分析

农产品质量安全控制行为就是农户在农产品生产过程中采纳

的有利于提高农产品质量安全水平的生产行为，主要包括农作物品种与种植面积、生产要素投入种类与数量以及农业生产技术选择等影响农产品质量安全的生产行为（梁流涛等，2008；孔祥斌等，2010）。借鉴已有研究思路（周洁红，2006；代云云、徐翔，2012；吴强等，2017），结合本书研究主题，将猕猴桃质量安全控制行为界定为种植户农资投入行为、猕猴桃安全控制行为以及猕猴桃品质控制行为三个方面。

（一）农户自主治理对种植户农资投入行为影响理论分析

农资投入行为是农户在农业生产经营过程中选择购买以及投入使用农业生产资料的生产行为，结合调研实践，猕猴桃种植户的农资投入行为包括农资投入金额和农资使用次数两个方面。在猕猴桃种植户参与农户自主治理后，需要依据集体规范调整自身农资投入行为，为保障农户自主治理目标的实现，集体规范倾向于要求农户使用更高标准的农资，以肥料投入和农药投入为例，集体规范倾向于增加有机肥和农家肥投入，减少化肥施用量，增加低毒高效低残留农药使用，减少普通农药使用。如果猕猴桃种植户选择遵守集体规范，那么其在调整自身农资投入行为的过程中，农资投入金额往往呈增加趋势，同时更高标准农资的投入，将有利于农资使用次数的减少。如果猕猴桃种植户选择违背集体规范，则信任关系和监督机制将对该种植户发生作用：一方面，集体规范是种植户同意执行的农资投入标准，违背该规范的种植户将承受巨大心理压力，增加自身挫败感，即"辜负其他农户的信任"，这种压力将促使种植户放弃违背行为；另一方面，由于该种植户处在农村"熟人社会"中，如果违背行为被村干部农户/中介农户或其他农户发现，该农户将感觉"没面子"，如果自身违背行为导致村庄良好声誉受损，则该种植户将陷入"孤立"境地，最终出于对监督机制的敬畏而放弃违背行为。因此，种植户参与农户自主治理后，其农资投入行为将倾向于符合集体规范约定，呈现农资投入金额增加而农资使用次数减少的趋势。

（二）农户自主治理对猕猴桃安全控制行为影响理论分析

农产品安全控制行为是与农户农药使用相关的生产行为，就猕猴桃种植户而言，猕猴桃安全控制行为具体包括农药认知行为、农药使用行为和药效评价行为三个方面。针对猕猴桃农药使用过程中出现的过量使用农药、不遵守休药期使用农药以及不注意农药残留等不安全猕猴桃生产行为，农户自主治理倾向于将良好农药使用行为写入集体规范。种植户参与农户自主治理后，通过集体协商，提高其对安全生产猕猴桃的认知，在集体规范的影响下，种植户倾向于理解并关注有关农药残留、农药浓度和农药效果等知识。在农药使用过程中，种植户参与农户自主治理有利于引导其选择低毒高效低残留农药，实施农药休药期控制和浓度控制，并注意保持猕猴桃采摘和最后一次使用农药之间的时间间隔。当农药使用结束后，如果种植户对农药效果评价较高，则有利于促使他们保持上述农药使用行为；如果农药使用效果较差，农户自主治理则可以通过集体协商，及时修正农药使用的集体规范，从而保证良好农药使用规范和良好药效的平衡。因此，种植户参与农户自主治理后，其农药使用行为倾向于符合集体规范约定，表现为更好的猕猴桃安全认知以及猕猴桃安全控制行为。

（三）农户自主治理对猕猴桃品质控制行为影响理论分析

农产品品质控制行为是农户在农业生产过程中为保障农产品具有良好外形、色泽以及口感等而采取的相关生产行为。一般情况下，村庄农产品良好声誉与农业生产中的品质控制行为是联系在一起的，小规模种植户采纳的传统质量安全控制行为对改善猕猴桃品质具有积极作用。由于村庄良好声誉具有村庄集体财产的

性质，所以，参与农户自主治理的种植户意识到良好声誉带来的
猕猴桃溢价收入后，能够达成保护村庄良好声誉并实施猕猴桃品
质控制行为的一致意见。以膨大剂使用为例，具有丰富经验的种
植户普遍了解滥用膨大剂将导致猕猴桃品质下降的事实，突出表
现为猕猴桃口感下降、猕猴桃保质期变短等消费者能够感知的品
质变差问题，尽管由于市场导向，农户自主治理可能无法禁止种
植户对膨大剂的使用行为，但仍能达成减少膨大剂施用量的一致
意见；再比如，参与农户自主治理之前，大多数种植户依赖经销
商推荐选择农药、化肥，事实上经销商亦不是农药、化肥专家，
其推荐的农药、化肥往往只是满足自身逐利性的追求（童霞等，
2014），参与农户自主治理之后，种植户自我选择农药、化肥将
受到限制，安全性更高的农药和营养成分更均衡的肥料成为种植
户的新选择；还有，参与农户自主治理之前，种植户往往根据经
验做出品质控制技术选择行为，选择的短期性问题较为突出，参
与农户自主治理之后，其增加了成员种植户质量安全技术交流的
机会，通过猕猴桃种植经验交流，实施效果更好的品质控制技术脱
颖而出，成为成员种植户品质控制技术的新选择。因此，种植户参
与农户自主治理后，其猕猴桃品质控制行为倾向于遵守集体规范，
表现为更多采纳猕猴桃品质控制行为和品质控制技术行为。

　　农户自主治理对猕猴桃质量安全控制行为影响分析框架如图
5－1所示。

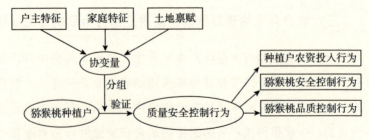

图 5－1　农户自主治理对猕猴桃质量安全控制行为影响分析框架

二　农户自主治理影响猕猴桃质量安全控制行为模型构建

用 i 表示样本猕猴桃种植户，以虚拟变量 $D_i = \{0,1\}$ 表示种植户 i 是否参与农户自主治理，$D_i = 1$ 为参与，而 $D_i = 0$ 为未参与。种植户 i 的未来猕猴桃质量安全控制行为 y_i 可能有两种状态，取决于其是否参与农户自主治理，即：

$$y_i = \begin{cases} y_{1i}, & \text{若 } D_i = 1 \\ y_{0i}, & \text{若 } D_i = 0 \end{cases} \tag{5-1}$$

其中，y_{0i} 表示种植户 i 未参与农户自主治理的质量安全控制行为，而 y_{1i} 表示种植户 i 参与农户自主治理的质量安全控制行为，则 $y_{1i} - y_{0i}$ 即为种植户参与农户自主治理对猕猴桃质量安全控制行为的影响效应。如果种植户 i 参与了农户自主治理，则可观测到 y_{1i}，但看不到 y_{0i}；如果种植户 i 未参与农户自主治理则可观测到 y_{0i}，但看不到 y_{1i}。总之，由于种植户只能处于一种状态（要么参与农户自主治理，要么不参与），故只能观测到 y_{0i} 或 y_{1i}，而无法同时观测到 y_{0i} 与 y_{1i}，这实际上是一种"数据缺失"问题。

倾向得分匹配法（PSM）解决"数据缺失"的基本思路是：基于"控制组"（未参与农户自主治理）种植户，为每个"实验组"（参与农户自主治理）种植户挑选或构造一个未参与农户自主治理的种植户，尽可能保证两组种植户除在参与农户自主治理选择方面不同，其他方面尽可能相同或相似。此时，两组猕猴桃种植户质量安全控制行为的观测值 y_{0i}、y_{1i} 可以看作同一个种植户的两次不同实验（参与和不参与农户自主治理）的结果，可观测变量差值 $y_{1i} - y_{0i}$ 即为参与农户自主治理的净效应，定义该差值的期望为平均处理效应（ATT），即：

$$ATT = E(y_{1i} \mid D_i = 1) - E(y_{0i} \mid D_i = 1) = E(y_{1i} - y_{0i} \mid D_i = 1) \quad (5-2)$$

用倾向得分匹配法计算 ATT 的一般步骤如下。

第一，选择协变量 x_i，必须选择影响（y_{0i}，y_{1i}）与 D_i 的尽可能多的变量。

第二，估计倾向得分匹配。在给定 x_i 情况下，个体 i 进入处理组的条件概率为：

$$p(y_{1i}) = p(D_i = 1 \mid x = x_i) \quad (5-3)$$

第三，进行倾向得分匹配。一般针对 x 的每个分量考察如下"标准化偏差"：

$$\frac{\mid \bar{x}_{treat} - \bar{x}_{control} \mid}{\sqrt{(S_{x,treat}^2 + S_{x,control}^2)/2}} \quad (5-4)$$

式中，$S_{x,treat}^2$ 和 $S_{x,control}^2$ 分别是 $SOG_i = 1$ 组和 $SOG_i = 0$ 组控制变量 x 的样本方差，该标准化偏差应小于等于 20%（薛彩霞、姚顺波，2016）。

第四，根据匹配后的样本计算 ATT 估计量，其一般表达式为：

$$\widehat{ATT} = \frac{1}{N_1} \sum_{i,treat} (y_i - \hat{y}_{0i}) \quad (5-5)$$

式中，$N_1 = \sum_i treat$ 为处理组个体数，$\sum_i treat$ 表示仅对处理组个体进行加总。倾向得分匹配法还包括另外两个处理效应估计量，本书不予考虑。

三　农户自主治理影响猕猴桃质量安全控制行为变量选取与分析

（一）协变量选取

应用倾向得分匹配法选择协变量的基本原则是，选择影响猕猴桃种植户质量安全控制行为和是否参与农户自主治理的变量，而不是受到农户自主治理影响的变量。结合调查数据，本书用于估计猕猴桃种植户参与农户自主治理倾向得分匹配的协变量有三类：一是猕猴桃种植户户主特征变量，包括性别、年龄、文化程度、是否兼业和种植年限；二是家庭特征变量，包括猕猴桃种植户家庭人口和家庭负担系数；三是土地禀赋变量，包括 2015 年底耕地面积、猕猴桃种植面积和耕地块数。协变量的含义、赋值情况及描述性统计如表 5 - 1 所示。

表 5 - 1　协变量的含义、赋值情况及描述性统计

协变量	具体指标	含义及赋值情况	均值	标准差	最小值	最大值
户主特征	性别	男性 = 1，女性 = 0	0.9509	0.2163	0	1
	年龄	户主受访时实际年龄（岁）	51.7991	9.7759	26	85
	文化程度	户主实际受教育年限（年）	6.9807	3.2314	0	15
	种植年限	猕猴桃种植总年数（年）	12.1473	5.7122	1	30
	是否兼业	户主是否兼业，是 = 1，否 = 0	0.3036	0.4601	0	1
家庭特征	家庭人口	家庭户籍人口总数（人）	4.8006	1.3579	1	12
	家庭负担系数	家庭人口总数/家庭劳动力数	1.9113	0.8507	1	7
土地禀赋	耕地面积	家庭耕地面积总数（亩）	5.4010	2.3788	1	20
	种植面积	猕猴桃种植面积总数（亩）	4.9016	2.3648	0.5	17
	耕地块数	家庭耕地块数（块）	2.9696	1.2876	1	9

资料来源：根据调研数据整理。

（二）猕猴桃质量安全控制行为选择

猕猴桃质量安全控制行为就是种植户在猕猴桃生产过程中采纳的有利于保障猕猴桃质量安全的生产行为，结合调研实践，可以将猕猴桃种植户采纳的质量安全控制行为分成三类：第一，种植户农资投入行为，反映种植户在猕猴桃种植过程中投入生产要素的种类和数量；第二，猕猴桃安全控制行为，反映种植户采纳

的控制猕猴桃安全水平的生产行为；第三，猕猴桃品质控制行为，反映种植户采纳的保障和改善猕猴桃品质属性的生产行为。具体指标定义和度量如表 5 - 2 所示。

表 5 - 2　猕猴桃质量安全控制行为变量具体指标定义和度量

生产行为	含义	赋值或单位
种植户农资投入行为		
农药次数	施用农药次数	次/年
农药金额	亩均农药金额	元/年
肥料次数	施用肥料次数	次/年
肥料金额	亩均肥料金额	元/年
农家肥次数	施用农家肥次数	次/年
农家肥金额	亩均农家肥金额	元/年
灌溉次数	灌溉次数	次/年
灌溉金额	亩均灌溉金额	元/年
花粉金额	亩均花粉金额	元/年
农资成本	不含建园成本和专用设备投资	元/（亩·年）
猕猴桃安全控制行为		
休药期认知	了解农药休药期	是 = 1，否 = 0
药效认知	了解农药药效	是 = 1，否 = 0
残留认知	了解农药残留	是 = 1，否 = 0
低毒农药	使用低毒高效低残留农药	是 = 1，否 = 0
用药指导	接受农药使用指导	是 = 1，否 = 0
休药期控制	遵循农药休药期要求	经常没过休药期 = 1，偶尔没过休药期 = 2，严格执行休药期 = 3
浓度控制	遵循农药浓度要求	浓度高 = 1，偶尔超过浓度 = 2，严格执行浓度控制 = 3
残留控制	严格执行采摘期农药使用间隔控制	是 = 1，否 = 0
使用效果	农药效果良好	一般 = 1，比较好 = 2，非常好 = 3

续表

生产行为	含义	赋值或单位
猕猴桃品质控制行为		
三品一标	无公害农产品、绿色食品、有机农产品、农产品地理标志	是 = 1，否 = 0
增加有机肥	增加了有机肥施用量	是 = 1，否 = 0
使用膨大剂	使用了膨大剂类激素	是 = 1，否 = 0
减少膨大剂	降低了膨大剂类激素施用量	是 = 1，否 = 0
人工授粉	采纳人工授粉技术	是 = 1，否 = 0
科学修剪	采纳科学修剪技术	是 = 1，否 = 0
生物防治	采纳生物防治技术	是 = 1，否 = 0
果园生草	采纳果园生草技术	是 = 1，否 = 0
配方施肥	采纳配方施肥技术	是 = 1，否 = 0
水肥一体	采纳水肥一体技术	是 = 1，否 = 0
沼果结合	采纳沼果结合技术	是 = 1，否 = 0

(三) 猕猴桃质量安全控制行为统计分析

由表 5 – 3 可知，样本区域猕猴桃种植户农资投入行为、猕猴桃安全控制行为和猕猴桃品质控制行为基本情况。从种植户农资投入行为来看，使用农药、肥料、农家肥和灌溉的次数分别为 3.75 次/年、3.47 次/年、0.79 次/年和 6.10 次/年；投入金额分别为 89.29 元/（亩·年）、965.08 元/（亩·年）、333.55 元/（亩·年）、80.19 元/（亩·年），花粉投入金额为 85.33 元/（亩·年），农资成本为 1603.26 元/（亩·年）。

从猕猴桃安全控制行为来看，在购买农药时，了解农药休药期、了解农药效果和了解农药残留的猕猴桃种植户比例分别为 59.08%、72.62% 和 54.17%；在用药过程中，有 92.41% 的种植户使用低毒高效低残留农药，有 85.71% 的种植户接受过农药使用指导，对农药采取休药期控制行为和浓度控制行为的均值分别为 2.36（偶尔没过休药期 = 2，严格执行休药期 = 3）和 2.66（偶尔超过浓度 = 2，严格执行浓度控制 = 3）；对农药使用效果评价均值为 2.36（比较好 = 2，非常好 = 3）。然而，仅有 41.22% 的种植户采取过农药残留控制行为，采取率较低。

从猕猴桃品质控制行为来看，猕猴桃获得三品一标认证的种植户占比 13.54%，在猕猴桃种植过程中采取增加有机肥施用量的种植户占比 56.25%，使用过膨大剂类激素（大果灵）的猕猴桃种植户约为 78.42%，而在种植猕猴桃过程中采取降低膨大剂施用量的种植户占比 68.75%。从猕猴桃品质控制技术采纳行为来看，人工授粉和科学修剪技术的采纳率较高，分别达到 99.70% 和 91.22%；生物防治、水肥一体技术的采纳率超过 50%，分别为 81.55%、52.23%；而配方施肥、果园生草和沼果结合技术的采纳率尚不足 50%，分别为 30.95%、26.04% 和 17.41%。

表 5 - 3　猕猴桃质量安全控制行为变量具体指标描述性统计

生产行为及具体指标	均值	标准差	最小值	最大值
种植户农资投入行为				
农药次数	3.75	1.72	1	18
农药金额	89.29	64.37	5	433.33
肥料次数	3.47	0.88	1	7
肥料金额	965.08	539.65	42.86	3333.33
农家肥次数	0.79	0.44	0	4
农家肥金额	333.55	315.06	0	2000
灌溉次数	6.10	2.24	2	20
灌溉金额	80.19	58.61	0	337.5
花粉金额	85.33	156.10	0	1500
农资成本	1603.26	826.74	200	6310
猕猴桃安全控制行为				
休药期认知	0.5908	0.4921	0	1
药效认知	0.7262	0.4462	0	1

生产行为及具体指标	均值	标准差	最小值	最大值
残留认知	0.5417	0.4986	0	1
低毒农药	0.9241	0.2650	0	1
用药指导	0.8571	0.4605	0	1
休药期控制	2.3586	0.7936	1	3
浓度控制	2.6577	0.5896	1	3
残留控制	0.4122	0.4930	0	1
使用效果	2.3586	0.6648	1	3
猕猴桃品质控制行为				
三品一标	0.1354	0.3424	0	1
增加有机肥	0.5625	0.4964	0	1
使用膨大剂	0.7842	0.4117	0	1
减少膨大剂	0.6875	0.4639	0	1
人工授粉	0.9970	0.0545	0	1
科学修剪	0.9122	0.2422	0	1
生物防治	0.8155	0.3882	0	1
果园生草	0.2604	0.4392	0	1
配方施肥	0.3095	0.4626	0	1
水肥一体	0.5223	0.4999	0	1
沼果结合	0.1741	0.3795	0	1

资料来源：根据调研数据整理。

四 协变量估计与平衡性检验

（一）倾向得分的 Logit 模型估计

运用 Stata 13.0 软件进行倾向得分的 Logit 模型估计，因变量为参与农户自主治理，协变量为户主特征、家庭特征和土地禀赋，估计结果见表 5 - 4。

表 5 – 4　倾向得分的 Logit 模型估计结果

变量	系数	Z 值	变量	系数	Z 值
性别	0.1015	0.15	家庭负担系数	– 0.0408	– 0.20
年龄	– 0.0445 **	– 2.76	耕地面积	– 0.2469 *	– 1.73
文化程度	0.0472	1.01	耕地块数	– 0.3595 ***	– 2.63
是否兼业	0.2178	0.73	种植面积	0.3543 ***	2.62
种植年限	0.0847 ***	3.34	常数项	– 1.1627	– 0.98
家庭人口	0.0280	0.24			
Log Likelihood	– 192.1941		LR χ^2（8）	38.29	
Prob $> \chi^2$	0.0000		Pseudo R^2	0.0906	

注：*** 、** 、* 分别表示 1%、5% 和 10% 的显著性水平。

由表 5 – 4 可知，在户主特征变量中，年龄在 5% 的显著性水平下对参与农户自主治理有负向影响，种植年限在 1% 的显著性水平下对参与农户自主治理有正向影响，说明年龄小且种植年限长的猕猴桃种植户倾向于参与农户自主治理。在家庭特征变量中，家庭人口和家庭负担系数对参与农户自主治理无显著影响。在土地禀赋变量中，耕地面积和耕地块数分别在 10% 和 1% 的显著性水平下对参与农户自主治理有负向影响，而种植面积在 1% 的显著性水平下对参与农户自主治理有正向影响，说明耕地面积小、耕地块数少且种植面积大的猕猴桃种植户倾向于参与农户自主治理。

（二）倾向得分匹配的平衡性检验

本书采用"一对一"最近邻匹配法，对农户特征变量进行匹配，即对参与农户自主治理和未参与农户自主治理种植户的协变量进行平衡性检验，表 5 – 5 列示了协变量倾向得分匹配前后的平衡性检验结果。

从表 5 – 5 可以看出，匹配前实验组种植户和控制组种植户的年龄、文化程度、种植年限、种植面积和耕地块数 5 个变量的标准化偏差的绝对值远远大于 20%，最大达到 45.6%；匹配后实验组种植户和控制组种植户的大部分变量的标准化偏差的绝对值大幅下降（性别和家庭人口变量除外），所有变量的标准化偏差的绝对值都控制在 20% 以内，最小为 0.2%（年龄），最大为 14.6%（家庭人口）。从 t 值来看，匹配前两组种植户的年龄、文化程度、种植年限、耕地块数和种植面积 5 个变量分别在 1%、5%、1%、10% 和 10% 的显著性水平下存在差异，而性别、是否兼业、家庭人口、家庭负担系数和耕地面积 5 个变量不存在显著差异；匹配后两组种植户所有变量均不存在显著差异，即两组种植户在协变量上不存在系统差异。以上结果表明，样本匹配通过了平衡性检验，倾向得分匹配消除了样本种植户自选择性所带来的估计偏误，达到了类似于随机试验的效果。

表 5 - 5　协变量倾向得分匹配前后的平衡性检验结果

变量		均值		标准化偏差（%）	标准化偏差绝对值减少（%）	t 值
		实验组	控制组			
性别	匹配前	0.9531	0.9507	1.1	-543.4	0.09
	匹配后	0.9524	0.9683	-7.4		-0.45
年龄	匹配前	48.7340	52.1220	-36.3	99.5	-2.65 ***
	匹配后	49.0160	49.0320	-0.2		-0.01
文化程度	匹配前	7.8438	6.8898	31.4	78.4	2.25 **
	匹配后	7.7302	7.5238	6.8		0.39
是否兼业	匹配前	0.3594	0.2977	13.1	22.8	1.02
	匹配后	0.3651	0.4127	-10.1		-0.54
种植年限	匹配前	14.4380	11.9060	45.6	91.8	3.4 ***
	匹配后	14.3970	14.6030	-3.7		-0.21
家庭人口	匹配前	4.7656	4.8043	-3.0	-392.8	-0.22
	匹配后	4.7937	4.9841	-14.6		-0.78
家庭负担系数	匹配前	1.8661	1.9160	-6.4	73.5	-0.45
	匹配后	1.8799	1.8931	-1.7		-0.11

续表

变量		均值		标准化偏差（%）	标准化偏差绝对值减少（%）	t 值
		实验组	控制组			
耕地面积	匹配前	5.4591	5.3949	2.7	17.9	0.21
	匹配后	5.4505	5.5032	-2.2		-0.13
种植面积	匹配前	2.6875	2.9993	-25.6	84.7	-1.86*
	匹配后	2.7143	2.7619	-3.9		-0.24
耕地块数	匹配前	5.3809	4.8512	22.4	96.0	1.71*
	匹配后	5.3711	5.3921	-0.9		-0.05

注：***、**、*分别表示1%、5%和10%的显著性水平。

图 5-2 直观地显示出两组农户匹配前后标准化偏差的变化情况，可以清楚地看到各个协变量的标准化偏差在匹配前后的变化，匹配后各协变量的标准化偏差落在（-20，20）的区间内。

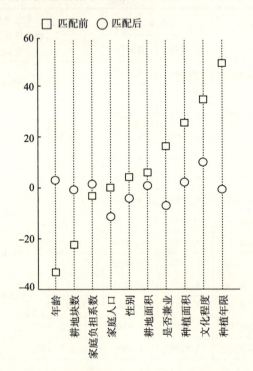

图 5-2　协变量倾向得分匹配前后的平衡性检验

五　农户自主治理影响猕猴桃质量安全控制行为结果分析

（一）农户自主治理对猕猴桃种植户农资投入行为影响结果分析

表 5 - 6 展示了样本区域猕猴桃种植户农资投入行为与农户自主治理的关系。结合农资投入特点，分别从农资成本总额、农资投入金额以及农资投入次数三个方面进行分析。

从农资成本总额来看，匹配前，实验组农资成本均值为2111.29 元/（亩·年），控制组农资成本均值为 1533.04 元/（亩·年），前者比后者高 578.25 元/（亩·年），且在 1% 的水平下显著；匹配后，实验组农资成本均值为 2106.54 元/（亩·年），控制组农资成本均值为 1615.81 元/（亩·年），前者比后者高 490.73元/（亩·年），仍在 1% 的水平下显著。匹配前后两组差异变小，说明忽略选择性偏差会高估农户自主治理对农资成本总额投入行为的影响，可能存在其他未观测因素对该行为有显著影响。

从农资投入金额来看，匹配前，实验组在农药金额、肥料金额、农家肥金额和花粉金额投入方面分别高于控制组 15.44元/（亩·年）、283.37 元/（亩·年）、231.75 元/（亩·年）和 74.61 元/（亩·年），且分别在 10%、1%、1% 和 1% 的水平下显著；匹配后，实验组农资投入金额比控制组仍分别高 19.08元/（亩·年）、263.56 元/（亩·年）、170.20 元/（亩·年）和 63.99 元/（亩·年），且分别在 10%、1%、1% 和 10% 的水平下显著。容易发现匹配后两组农资投入金额在肥料、农家肥和花粉方面差异变小，说明农户自主治理对肥料、农家肥和花粉投入方面影响作用变小，其原因是，两组农户的差异不能完全归结于其是否参与农户自主治理；而农药金额差异变大的可能原因是，使用低毒高效低残留农药造成农药花费显著上升（参照表5-7）。此外，匹配前后，灌溉金额在实验组和控制组之间的差异均不显著。

从农资投入次数来看，匹配前，实验组仅在农药次数方面比控制组少0.73次/年，且在1%的水平下显著；而匹配后，实验组在农药次数、肥料次数和灌溉次数方面分别比控制组少0.51次/年、0.29次/年和0.70次/年，分别在10%、10%和5%的水平下显著。这说明忽略选择性偏差会造成农户自主治理对猕猴桃种植户农资投入次数影响估计的偏差，考虑农户选择性偏差后，农户自主治理促使种植户采取减少农药、化肥和灌溉次数行为的作用显著。

表5-6　农户自主治理对种植户农资投入行为影响估计结果

具体指标		实验组	控制组	ATT值	标准差	t值
农药次数	匹配前	3.09	3.82	-0.73***	0.2240	-3.22
	匹配后	3.08	3.59	-0.51*	0.2740	-1.85
农药金额	匹配前	103.43	87.99	15.44*	8.43	1.83
	匹配后	103.53	84.45	19.08*	11.08	1.72
肥料次数	匹配前	3.3281	3.4836	-0.16	0.1153	-1.35
	匹配后	3.2857	3.5714	-0.29*	0.1544	-1.85
肥料金额	匹配前	1221.47	938.10	283.37***	70.1208	4.04
	匹配后	1214.67	951.11	263.560***	87.1954	3.02
农家肥次数	匹配前	0.8281	0.7993	0.029	0.0585	0.49
	匹配后	0.8254	0.7937	0.032	0.0767	0.41
农家肥金额	匹配前	543.23	311.48	231.75***	40.4550	5.73
	匹配后	542.07	371.87	170.20***	62.7367	2.71
灌溉次数	匹配前	6	6.1102	-0.11	0.2943	-0.37
	匹配后	6.0159	6.7143	-0.70**	0.3265	-2.14
灌溉金额	匹配前	86.08	79.57	6.51	7.7039	0.85
	匹配后	86.39	82.64	3.75	9.8076	0.38

具体指标		实验组	控制组	ATT 值	标准差	t 值
花粉金额	匹配前	152. 83	78. 22	74. 61 ***	20. 3261	3. 67
	匹配后	155. 25	91. 26	63. 99 *	33. 7010	1. 90
农资成本	匹配前	2111. 29	1533. 04	578. 25 ***	101. 67	5. 69
	匹配后	2106. 54	1615. 81	490. 73 ***	134. 62	3. 65

注：***、**、*分别表示1%、5%和10%的显著性水平。

（二）农户自主治理对猕猴桃安全控制行为影响结果分析

猕猴桃安全控制行为包括休药期认知、药效认知和残留认知等农药使用前控制，使用低毒农药、接受用药指导、休药期控制、浓度控制和残留控制等农药使用过程控制行为以及农药使用效果评价。从表 5 - 7 可知，参与农户自主治理后，猕猴桃种植户在药效认知、残留认知、低毒农药、用药指导、休药期控制和浓度控制等方面发生显著变化，具体情况分析如下。

就农药使用前控制来看，匹配前，实验组种植户休药期认知、药效认知和残留认知分别为 0.5781、0.9531、0.8125，控制组种植户相应指标分别为 0.5938、0.7023、0.5132，两者的差值分别为 - 0.0157、0.2508、0.2993，两组种植户休药期认知的差异不显著，而药效认知、残留认知均在1%的水平下显著；匹配后，实验组种植户休药期认知、药效认知和残留认知分别为 0.5873、0.9523、0.8095，控制组种植户相应指标分别为 0.4603、0.6667、0.5556，两者的差值分别为 0.1270、0.2856、0.2539，两组种植户休药期认知的差异不显著，而药效认知、残留认知仍均在1%的水平下显著。这说明参与农户自主治理没有显著提高种植户对休药期的认知，但促使农户在使用农药前更重视农药效果和农药残留问题。

就农药使用过程来看，匹配前，实验组种植户使用低毒农药的概率为 0.9688，控制组为 0.9194，两组差值为 0.0494，但未通过显著性检验；匹配后，实验组种植户使用低毒农药的概率为 0.9683，控制组为 0.8889，两组差值为 0.0794，且在 10% 的水平下显著。而对于接受用药指导、休药期控制和浓度控制而言，匹配前，实验组种植户比控制组种植户分别高 0.1406、0.5535 和 0.2229，且在分别在 5%、1% 和 1% 的水平下显著；匹配后，实验组种植户比控制组种植户分别高 0.1587、0.7142 和 0.2222，且分别在 5%、1% 和 5% 的水平下显著。这说明，参与农户自主治理能够促进种植户更多使用低毒农药、更多接受农药使用指导、对休药期控制和浓度控制的水平更高。特别的，休药期控制水平提高是在两组种植户认知无显著差异的情况下实现的，更能证明农户自主治理对种植户休药期控制的积极作用。而就农药残留控制而言，匹配前实验组和控制组的差异并不显著，但匹配后实验组采取残留控制的概率比控制组高 0.1270，且在 10% 的水平下显著，说明参与农户自主治理能够提高种植户采纳农药残留控制行为的概率。

从农药使用效果评价来看，匹配前，实验组和控制组种植户的评价均值分别为 2.2813 和 2.3668，介于比较好和非常好之间，差值为 -0.0855，但未通过显著性检验；匹配后，实验组和控制组种植户的评价均值分别为 2.2857 和 2.2381，仍位于比较好和非常好之间，差值为 0.0476，仍未通过显著性检验。但是，仍可推出下述结论：参与农户自主治理的种植户比之前（未参与农户自主治理时）安全控制行为更积极，但农药使用效果与之前相同（或略高于之前），说明参与农户自主治理的种植户的安全控制行为是可持续的。

表 5-7　农户自主治理对猕猴桃安全控制行为影响估计结果

具体指标		实验组	控制组	ATT 值	标准差	t 值
休药期认知	匹配前	0.5781	0.5938	-0.0157	0.0646	-0.24
	匹配后	0.5873	0.4603	0.1270	0.0918	1.38
药效认知	匹配前	0.9531	0.7023	0.2508***	0.0579	4.33
	匹配后	0.9523	0.6667	0.2856***	0.0677	4.22
残留认知	匹配前	0.8125	0.5132	0.2993***	0.0645	4.64
	匹配后	0.8095	0.5556	0.2539***	0.0834	3.04
低毒农药	匹配前	0.9688	0.9194	0.0494	0.0348	1.42
	匹配后	0.9683	0.8889	0.0794*	0.0437	1.82
用药指导	匹配前	0.9844	0.8438	0.1406**	0.0603	2.33
	匹配后	0.9841	0.8254	0.1587**	0.0697	-2.28
休药期控制	匹配前	2.8594	2.3059	0.5535***	0.1022	5.42
	匹配后	2.8571	2.1429	0.7142***	0.1287	5.55
浓度控制	匹配前	2.8594	2.6365	0.2229***	0.0771	2.89
	匹配后	2.8571	2.6349	0.2222**	0.0933	2.38
残留控制	匹配前	0.4211	0.3281	0.0930	0.0647	1.44
	匹配后	0.4444	0.3174	0.1270*	0.0891	1.73
使用效果	匹配前	2.2813	2.3668	-0.0855	0.0874	-0.98
	匹配后	2.2857	2.2381	0.0476	0.1153	0.41

注：***、**、*分别表示1%、5%和10%的显著性水平。

（三）农户自主治理对猕猴桃品质控制行为影响结果分析

猕猴桃品质控制行为包括三品一标、增加有机肥、使用膨大剂、减少膨大剂等生产行为，以及猕猴桃品质控制技术采纳行为，包括人工授粉技术、科学修剪技术、生物防治技术、果园生草技术、配方施肥技术、水肥一体技术和沼果结合技术。从表 5-8 可知，参与农户自主治理后，猕猴桃种植户在增加有机肥、减少膨大剂、科学修剪、生物防治以及水肥一体的技术采纳等方面发生显著变化，具体情况分析如下。

　　从使用膨大剂行为来看，匹配前，实验组和控制组种植户均以较高概率使用膨大剂，但两组差异未通过显著性检验。而在采取减少膨大剂使用行为方面，匹配前，实验组农户采取概率为0.8593，控制组为0.6694，前者比后者高0.1899，且在1%的水平下显著；匹配后，实验组种植户采取概率为0.8571，控制组为0.6031，前者比后者高0.2540，仍在1%的水平下显著。这说明参与农户自主治理不能使种植户禁用膨大剂，但在促进种植户减少膨大剂施用量方面有明显积极意义。结合调研实践可知：一方面，样本种植户普遍认为"不使用膨大剂的猕猴桃因果实小、果形差而无法出售"，说明猕猴桃市场需求是农户依赖膨大剂的根本原因，即种植户普遍存在的"损失厌恶"是其不敢放弃膨大剂使用的根源，所以改变市场需求，降低农户"损失预期"才是禁用膨大剂的根本途径；另一方面，现阶段国家提倡农药"零增长"而非"零农药"，政府对膨大剂的强制规范已经从禁用转向提倡科学合理使用膨大剂，这也在一定程度上阻碍了膨大剂的禁用。

　　从人工授粉技术采纳行为来看，匹配前后，实验组种植户和控制组种植户对人工授粉技术均有较高采纳率，但两组差异不显著，其中匹配后实验组种植户达到100%采纳，而控制组种植户也达到0.9841，说明人工授粉技术已经成为种植户普遍使用的生产技术。从科学修剪技术采纳行为来看，匹配前，实验组种植户对该技术的采纳率为0.9688，控制组为0.9063，两组差异为0.0625，且在10%的水平下显著；匹配后，实验组种植户对该技术的采纳率为0.9683，而控制组为0.8571，两组差异达到0.1112，且在5%的水平下显著。同时，从表5-8还看到，匹配前后，两组种植户对该技术的采纳率均高于85%。这说明，尽管科学修剪技术已经具备较高采纳水平，但农户自主治理仍显著促进种植户对科学修剪技术的采纳。

就生物防治技术而言，匹配前后，实验组种植户对生物技术的采纳率均为 100%，而控制组种植户对该技术的采纳率分别为 0.7961 和 0.7619，匹配前后差异分别为 0.2039 和 0.2381，均在 1% 的水平下显著。这说明农户自主治理显著促进猕猴桃种植户对生物防治技术的采纳，提高了生物防治技术在猕猴桃种植户人群中的采纳率。而对于果园生草技术而言，匹配前后，实验组和控制组对该技术的采纳率均不足 30%，而匹配前后两组差异分别为 0.0230 和 0.0317，说明果园生草技术在猕猴桃种植户中采纳率较低，且农户自主治理没有显著促进种植户对该技术的采纳。结合调研实践，受访猕猴桃种植户对果园生草技术认识不清晰，部分种植户认为"果园生草技术就是不要将猕猴桃园自生的杂草除去"，也有部分受访种植户提出"在猕猴桃园锄草还来不及，怎么还能种草？"，还有种植户认为"如果猕猴桃园的杂草不锄干净，别人会认为这家人太懒了"，因此，本书认为种植户对果园生草技术认识不清晰，不了解果园生草技术的含义和实施步骤，是阻碍该技术进一步推广的重要原因。

在配方施肥技术、水肥一体技术和沼果结合技术采纳行为中，仅水肥一体技术在实验组和控制组种植户中存在显著差异，匹配前后差异分别为 -0.2147 和 -0.1746，分别在 1% 和 10% 的水平下显著。这说明农户自主治理不仅没有促进种植户对该技术的采纳，反而抑制了对该技术的采纳，本书认为参与农户自主治理的种植户更多使用有机肥和农家肥（见表 5-6）是导致这一现象的根本原因。不同于化肥能够溶解在水中，可以通过猕猴桃园灌溉提高肥料效率，有机肥和农家肥普遍要求"深埋"在猕猴桃树根部附近，因此不能借助水肥一体技术提高肥力，从而导致参与农户自主治理的种植户对该技术的采纳率较低。对于配方施肥技术和沼果结合技术而言，从表 5-8 可以看到，前者采纳率不高于 40%，后者采纳率在 15% 左右，且实验组和控制组种植户在匹配前后差异均不显著，这说明两种技术没有在种植户中被广泛使用，并且两组种植户的采纳率无显著差异。结合调研实践可知，种植户对配方施肥技术有一定程度的了解，但普遍认为"配方施肥技术应该由政府实施测土过程""那些农资公司免费测土就是为了销售该公司的肥料"等，这些观点是造成配方施肥技术推广效率较低的原因；而对于沼果结合技术，种植户往往认为"前期投入较高，后期维护成本高""采纳沼果结合技术的效果不好，既不能获得沼气，也不能获得农家肥（沼气液），尤其是冬季"，说明前期示范效应不好是导致该技术未能普遍被采纳的重要原因。

表 5-8　农户自主治理对猕猴桃品质控制行为影响估计结果

具体指标		实验组	控制组	ATT 值	标准差	t 值
三品一标	匹配前	0.1562	0.1332	0.0230	0.0450	0.51
	匹配后	0.1429	0.1905	-0.0476	0.0688	-0.69
增加有机肥	匹配前	0.7500	0.5428	0.2072***	0.0651	3.20
	匹配后	0.7619	0.5397	0.2222***	0.0918	2.57
使用膨大剂	匹配前	0.8593	0.7763	0.0830	0.0540	1.54
	匹配后	0.8571	0.7937	0.0634	0.0714	0.89
减少膨大剂	匹配前	0.8593	0.6694	0.1899***	0.0606	3.14
	匹配后	0.8571	0.6031	0.2540***	0.0789	3.22
人工授粉	匹配前	1	0.9967	0.0033	0.0072	0.46
	匹配后	1	0.9841	0.0159	0.0174	0.91
科学修剪	匹配前	0.9688	0.9063	0.0625*	0.0372	1.68
	匹配后	0.9683	0.8571	0.1112**	0.0534	2.08
生物防治	匹配前	1	0.7961	0.2039***	0.0504	4.04
	匹配后	1	0.7619	0.2381***	0.0574	4.15
果园生草	匹配前	0.2812	0.2582	0.0230	0.0578	0.40
	匹配后	0.2857	0.2540	0.0317	0.0830	0.38
配方施肥	匹配前	0.3906	0.3010	0.0896	0.0607	1.48
	匹配后	0.3968	0.3174	0.0794	0.0885	0.90

续表

具体指标		实验组	控制组	ATT 值	标准差	t 值
水肥一体	匹配前	0.3281	0.5428	-0.2147 ***	0.0652	-3.29
	匹配后	0.3333	0.5079	-0.1746 *	0.0902	-1.94
沼果结合	匹配前	0.1406	0.1776	-0.0370	0.0499	-0.74
	匹配后	0.1428	0.0793	0.0635	0.0582	1.09

注：*** 、** 、* 分别表示 1%、5% 和 10% 的显著性水平。

（四）倾向得分匹配的稳健性检验

为验证上述实证结果的准确性，采用半径匹配法与核匹配法进行稳健性检验，检验结果显示变量具有稳健性（见表 5 - 9）。

表 5 - 9 倾向得分匹配法估计结果的稳健性检验

具体指标	半径匹配法				核匹配法			
	实验组	控制组	ATT 值	t 值	实验组	控制组	ATT 值	t 值
农药次数	3.08	3.70	-0.62 ***	-3.32	3.08	3.72	-0.64 ***	-3.60
农药金额	103.53	89.61	13.92 *	1.83	103.52	89.54	13.98 *	1.91
肥料次数	3.29	3.48	-0.19 *	-1.81	3.29	3.50	-0.21 **	-2.03
肥料金额	1214.67	1004.59	210.08 ***	2.92	1214.67	1003.45	211.22 ***	3.02
农家肥次数	0.82	0.80	0.02	0.50	0.83	0.78	0.05	0.87
农家肥金额	542.07	378.71	163.36 ***	3.27	542.07	359.55	182.52 ***	3.72
灌溉次数	6.02	6.25	-0.23	-1.11	6.02	6.21	-0.19	-0.98
灌溉金额	86.39	84.02	2.37	0.30	86.39	83.14	3.25	0.43
花粉金额	155.25	99.53	55.72 *	1.78	155.25	93.94	61.31 **	1.98
农资成本	2106.54	1691.98	414.56 ***	3.70	2106.54	1665.76	440.78 ***	4.03
休药期认知	0.5873	0.5578	0.0295	0.43	0.5873	0.5734	0.0139	0.21
药效认知	0.9524	0.7043	0.2481 ***	6.41	0.9524	0.6938	0.2586 ***	7.22
残留认知	0.8095	0.5059	0.3036 ***	5.21	0.8095	0.5104	0.2991 ***	5.34
低毒农药	0.9682	0.8992	0.0690 **	2.47	0.9683	0.9078	0.0605 **	2.29
用药指导	0.9841	0.8176	0.1665 ***	4.92	0.9841	0.8226	0.1615 ***	5.38

具体指标	半径匹配法				核匹配法			
	实验组	控制组	ATT 值	t 值	实验组	控制组	ATT 值	t 值
休药期控制	2.8571	2.2380	0.6191***	8.84	2.8571	2.2927	0.5644***	8.69
浓度控制	2.8571	2.6735	0.1836***	3.22	2.8571	2.6809	0.1762***	3.28
残留控制	0.4352	0.3175	0.1177*	1.78	0.4320	0.3175	0.1145*	1.78
使用效果	2.2857	2.3792	-0.0935	-1.08	2.2857	2.3812	-0.0955	-1.14
三品一标	0.1429	0.1216	0.0213	0.44	0.1429	0.1313	0.0116	0.24
增加有机肥	0.7619	0.4860	0.2759***	4.45	0.7619	0.5216	0.2403***	4.02
使用膨大剂	0.8571	0.8018	0.0553	1.08	0.8571	0.7893	0.0678	1.38
减少膨大剂	0.8571	0.6741	0.1830***	3.48	0.8571	0.6748	0.1823***	3.61
人工授粉	1	0.9973	0.0027	0.73	1	0.9974	0.0026	0.83
科学修剪	0.9683	0.8918	0.0765***	2.66	0.9683	0.9053	0.0630**	2.34
生物防治	1	0.8000	0.2000***	8.31	1	0.8106	0.1894***	9.34
果园生草	0.2857	0.2546	0.0311	0.49	0.2857	0.2539	0.0318	0.52
配方施肥	0.3968	0.3249	0.0719	1.05	0.3968	0.3141	0.0827	1.24
水肥一体	0.3333	0.5173	-0.1840***	-2.75	0.3333	0.5366	-0.2033***	-3.12
沼果结合	0.1429	0.1978	-0.0549	-1.09	0.1428	0.1876	-0.0448	-0.92

注：***、**和*分别表示1%、5%和10%的显著性水平；表中数据仅为匹配后数据。

六　本章小结

本章关注农户自主治理对猕猴桃质量安全控制行为的影响，将猕猴桃种植户采取的质量安全控制行为分成"种植户农资投入行为"、"猕猴桃安全控制行为"和"猕猴桃品质控制行为"，以田野调研数据为基础，利用倾向得分匹配法，通过协变量"户主特征"、"家庭特征"和"土地禀赋"对样本种植户进行匹配，检验参与农户自主治理是否对猕猴桃质量安全控制行为产生影响。具体结论如下。

第一，参与农户自主治理改善了猕猴桃种植户农资投入行为。检验结果显示，参与农户自主治理后，种植户显著减少农药、肥料使用次数和灌溉次数，显著提高农药投入金额、肥料投入金额、农家肥投入金额和花粉投入金额，其农资成本投入总额显著高于未参与农户自主治理的种植户。

第二，参与农户自主治理显著促进猕猴桃安全控制行为。参与农户自主治理显著影响猕猴桃种植户对农药残留认知和农药药效认知，促使猕猴桃种植户更多使用低毒高效低残留农药、接受农药使用指导、实施休药期控制和农药浓度控制行为。尽管参与农户自主治理没有显著提升种植户对农药使用效果的评价，但种植户对农药使用效果的评价仍保持较高水平且与未参与农户自主治理的种植户的评价几乎相同，说明参与农户自主治理后，种植户改变的农药使用行为是可持续的。

第三，从猕猴桃品质控制行为来看，参与农户自主治理显著促进猕猴桃种植户增加有机肥使用行为，同时参与农户自主治理并未显著减少种植户使用膨大剂的概率，但对于促使猕猴桃种植户减少膨大剂施用量有积极意义。结合调研实践可知，样本种植户普遍认为"不使用膨大剂的猕猴桃因果实小、果形差而无法出售"，说明猕猴桃市场需求是农户依赖膨大剂的根本原因，即种植户普遍存在的"损失厌恶"是其不敢放弃膨大剂使用的根源，所以改变市场需求，降低农户"损失预期"才是禁用膨大剂的根本途径。此外，实验组种植户对人工授粉技术、科学修剪技术和生物防治技术的采纳率均高于80%，而参与农户自主治理的种植户对科学修剪技术和生物防治技术的采纳率显著高于未参与农户自主治理的种植户；而实验组种植户对果园生草技术、配方施肥技术、水肥一体技术和沼果结合技术的采纳率不足50%，特别是沼果结合技术的采纳率低于20%，猕猴桃种植户对果园生草技术、配方施肥技术、沼果结合技术的认知不清晰，以及前期示范效应不好是造成上述技术采纳率过低的原因。最后，参与农户自主治理的种植户的水肥一体技术采纳率略低于未参与农户自主治理的种植户，其原因可能是，前者更多采用有机肥和农家肥，该类肥料并不适用水肥一体技术。

第四，从种植户参与农户自主治理影响因素来看，年龄、种植年限、耕地面积、耕地块数和种植面积是种植户参与农户自主治理的影响因素，即户主年龄小且种植年限长的猕猴桃种植户倾向于参与农户自主治理，耕地面积小、耕地块数少且种植面积大的猕猴桃种植户倾向于参与农户自主治理。

第六章 ◀

农户自主治理对猕猴桃质量安全
控制行为影响路径分析

第五章分析发现农户自主治理显著影响猕猴桃质量安全控制行为，本部分内容利用结构方程模型（SEM）实证农户自主治理特征要素影响农产品质量安全控制行为的路径，剖析农户自主治理影响种植户质量安全控制行为的关键因素。考虑到农户自主治理特征要素具有主观态度的特点，难以直接观测，因此将集体规范、信任关系和监督机制设为外源潜变量，利用结构方程模型验证其对猕猴桃种植户质量安全控制行为的影响路径，同时因变量部分也将猕猴桃质量安全控制行为分成猕猴桃安全控制行为和猕猴桃品质控制行为两个内源潜变量进行考虑。本部分通过实证分析，可以明确究竟哪个特征要素对猕猴桃质量安全控制行为具有显著作用以及作用方向如何，有利于为农户自主治理方案设计提供理论支持。

一 农户自主治理对猕猴桃质量安全控制行为
影响路径理论分析

参与农户自主治理后，集体规范、信任关系和监督机制等内部约束因素将对农户质量安全控制行为产生影响。首先，集体规范具有"准法"性质，是成员种植户共同意志的体现，具有引导和约束农户质量安全控制行为的作用。通常而言，种植户感知的集体规范越强烈，其遵守农户自主治理约定的可能性就越高。其次，信任关系建立在农村"熟人社会"网络之上，依赖"亲缘"与"血缘"而形成，是促进种植户愿意参与到农户自主治理中来的基础。信任关系能够促使种植户认可并遵循集体规范，促进成员种植户之间的合作和资源共享，防范"搭便车"生产行为的出现。最后，有效的监督机制是影响猕猴桃质量安全控制行为的关键要素。在没有约束的情况下，每个种植户都有可能成为"搭便车者"，而建立在重复博弈基础上的"个人声誉"对"搭便车"行为具有威慑力，即使不能直接作用在实施欺骗行为的农户本身，也可以通过"亲缘"和"血缘"关系作用于家庭成员农户，从而促使家庭成员农户督促其纠正欺骗行为。

基于上述分析，本书提出农户自主治理影响猕猴桃质量安全控制行为的作用路径（见图 6 - 1）。以种植户质量安全控制行为为内生潜变量，以农户自主治理的集体规范、信任关系和监督机制为外源潜变量，构建出集体规范、信任关系和监督机制相互影响以及对安全控制行为和品质控制行为影响的路径模型。

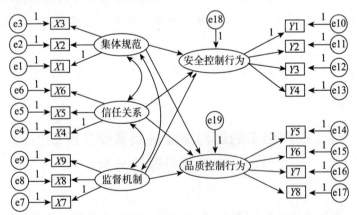

图 6 - 1　农户自主治理影响猕猴桃质量安全控制行为的作用路径

二　农户自主治理影响猕猴桃质量安全控制行为路径的变量选取及分析

（一）潜变量和可观测变量的选取

本章重点分析农户自主治理影响猕猴桃质量安全控制行为的路径，需要选择描述猕猴桃质量安全控制行为和农户自主治理特征要素的变量。结合调研实践，猕猴桃质量安全控制行为分成猕猴桃安全控制行为和猕猴桃品质控制行为，农户自主治理特征要素变量选择集体规范、信任关系和监督机制，而后再结合潜变量的特征为每个潜变量选择可观测变量。本章选取的潜变量与对应的可观测变量含义和取值见表 6 – 1。

表 6 – 1　基于理论模型的潜变量和可观测变量

潜变量	可观测变量名称	可观测变量取值
内生潜变量		
猕猴桃安全控制行为	Y1 低毒农药	施用低毒高效低残留农药 = 1，否 = 0
	Y2 休药期控制	严格执行休药期控制 = 1，否 = 0
	Y3 浓度控制	严格执行浓度控制 = 1，否 = 0
	Y4 残留控制	严格执行采摘期农药使用间隔控制 = 1，否 = 0
猕猴桃品质控制行为	Y5 生物防治	采用生物防治技术 = 1，否 = 0
	Y6 科学修剪	每株留果数小于 80 枚 = 1，否 = 0
	Y7 水肥一体	采用水肥一体技术施用肥料 = 1，否 = 0
	Y8 三品一标	申请三品一标认证 = 1，否 = 0
外源潜变量		
集体规范	X1 集体规范 1	不确定 = 1，比较确定 = 2，肯定 = 3
	X2 集体规范 2	不确定 = 1，比较确定 = 2，肯定 = 3
	X3 集体规范 3	不确定 = 1，比较确定 = 2，肯定 = 3

潜变量	可观测变量名称	可观测变量取值
信任关系	X4 信任关系 1	不确定 = 1，比较确定 = 2，肯定 = 3
	X5 信任关系 2	不确定 = 1，比较确定 = 2，肯定 = 3
	X6 信任关系 3	不确定 = 1，比较确定 = 2，肯定 = 3
监督机制	X7 监督机制 1	是 = 1，否 = 0
	X8 监督机制 2	是 = 1，否 = 0
	X9 监督机制 3	是 = 1，否 = 0

（二）可观测变量统计描述分析

数据来源及说明情况、种植户质量安全控制行为统计描述、农户自主治理特征要素统计描述见第三章，本部分将种植户对农户自主治理特征要素的感知与猕猴桃质量安全控制行为关系进行分析。

（1）集体规范特征要素统计分析

表 6 - 2 展示了样本种植户对集体规范特征要素调研问题的回答情况。从样本种植户对问题 1 "您愿意按照集体规范采取猕猴桃生产行为吗？" 的回答来看，参与农户自主治理的种植户选择不确定的有 12 人，占 9.38%，比较确定的有 14 人，占 10.94%，肯定的有 102 人，占 79.69%；未参与农户自主治理的种植户选择不确定的有 26 人，占 4.28%，比较确定的有 143 人，占 23.52%，肯定的有 439 人，占 72.20%。从样本种植户对问题 2 "您觉得遵守集体规范采取猕猴桃生产行为重要吗？" 的回答来看，参与农户自主治理的种植户选择不确定的有 8 人，占 6.25%，比较确定的有 26 人，占 20.31%，肯定的有 94 人，占 73.44%；未参与农户自主治理的种植户选择不确定的有 36 人，占 5.92%，比较确定的有 159 人，占 26.15%，肯定的有 413 人，占 67.93%。从样本种植户对问题 3 "您愿意克服困难遵守集体

规范采取猕猴桃生产行为吗?" 的回答来看，参与农户自主治理的种植户选择不确定的有 20 人，占 15.63%，比较确定的有 20 人，占 15.63%，肯定的有 88 人，占 68.75%；未参与农户自主治理的种植户选择不确定的有 33 人，占 5.43%，比较确定的有 180 人，占 29.61%，肯定的有 395 人，占 64.97%。总体可知，参与农户自主治理的种植户选择肯定答案的比重均高于未参与农户自主治理的种植户，一定程度上说明参与农户自主治理提高了种植户对集体规范的感知。

表 6-2　农户自主治理集体规范情况统计

农户自主治理	选项	集体规范 1		集体规范 2		集体规范 3	
		样本数（人）	占比（%）	样本数（人）	占比（%）	样本数（人）	占比（%）
未参与	不确定	26	4.28	36	5.92	33	5.43
	比较确定	143	23.52	159	26.15	180	29.61
	肯定	439	72.20	413	67.93	395	64.97
	合计	608	100	608	100	608	100
参与	不确定	12	9.38	8	6.25	20	15.63
	比较确定	14	10.94	26	20.31	20	15.63
	肯定	102	79.69	94	73.44	88	68.75
	合计	128	100	128	100	128	100

资料来源：根据调研数据整理。

（2）信任关系特征要素统计分析

表 6-3 展示了样本种植户对信任关系特征要素调研问题的回答情况。从样本种植户对问题 4 "您认为村干部农户/中介农户会相信您按照集体规范采取猕猴桃生产行为吗?" 的回答来看，参与农户自主治理的种植户选择不确定的有 16 人，占 12.50%，比较确定的有 28 人，占 21.88%，肯定的有 84 人，占 65.63%；未参与农户自主治理的种植户选择不确定的有 69 人，占

11.35%，比较确定的有241人，占39.64%，肯定的有298人，占49.01%。从样本种植户对问题5"您认为街坊四邻支持您按照集体规范采取猕猴桃生产行为吗?"的回答来看，参与农户自主治理的种植户选择不确定的有12人，占9.38%，比较确定的有22人，占17.19%，肯定的有94人，占73.44%；未参与农户自主治理的种植户选择不确定的有34人，占5.59%，比较确定的有183人，占30.10%，肯定的有391人，占64.31%。从样本种植户对问题6"您认为街坊四邻会按照集体规范采取猕猴桃生产行为吗?"的回答来看，参与农户自主治理的种植户选择不确定的有12人，占9.38%，比较确定的有24人，占18.75%，肯定的有92人，占71.88%；未参与农户自主治理的种植户选择不确定的有42人，占6.91%，比较确定的有199人，占32.73%，肯定的有367人，占60.36%。总体可知，信任关系与集体规范一致，参与农户自主治理的种植户选择肯定答案的比重均高于未参与农户自主治理的种植户，一定程度上说明参与农户自主治理增强了种植户之间的信任关系。

表6-3 农户自主治理信任关系情况统计

农户自主治理	选项	信任关系1		信任关系2		信任关系3	
		样本数（人）	占比（%）	样本数（人）	占比（%）	样本数（人）	占比（%）
未参与	不确定	69	11.35	34	5.59	42	6.91
	比较确定	241	39.64	183	30.10	199	32.73
	肯定	298	49.01	391	64.31	367	60.36
	合计	608	100	608	100	608	100
参与	不确定	16	12.50	12	9.38	12	9.38
	比较确定	28	21.88	22	17.19	24	18.75
	肯定	84	65.63	94	73.44	92	71.88
	合计	128	100	128	100	128	100

资料来源：根据调研数据整理。

（3）监督机制特征要素统计分析

表 6-4 展示了样本种植户对监督机制特征要素调研问题的回答情况。从样本种植户对问题 7 "如果您家在猕猴桃种植过程中，违规使用肥料、农药或者膨大剂，您认为村干部农户/中介农户是否会发现？" 的回答来看，参与农户自主治理的种植户中有 64.06% 认为会被发现，而未参与农户自主治理的种植户中仅 45.89% 认为会被发现；从样本种植户对问题 8 "如果您家在猕猴桃种植过程中，违规使用肥料、农药或者膨大剂，您认为街坊四邻是否会发现？" 的回答来看，参与农户自主治理的种植户中有 75.00% 认为会被发现，而未参与农户自主治理的种植户中仅 54.28% 认为会被发现；从样本种植户对问题 9 "如果街坊四邻在猕猴桃种植过程中，违规使用肥料、农药或者膨大剂，您是否会发现？" 的回答来看，参与农户自主治理的种植户中有 57.81% 认为会发现，而未参与农户自主治理的种植户中仅 56.91% 认为会发现。可以清楚地看出，参与农户自主治理后，样本种植户对监督机制的感知明显增强，特别是对来自街坊四邻的监督感知显著强于来自村干部农户/中介农户的监督感知。

表 6-4 农户自主治理监督机制情况统计

单位：%

农户自主治理	监督机制 1	监督机制 2	监督机制 3
未参与	45.89	54.28	56.91
参与	64.06	75.00	57.81
总计	47.62	56.25	56.99

资料来源：根据调研数据整理。

三 农户自主治理影响猕猴桃质量安全控制行为路径的模型设定

本章关注农户自主治理特征要素对猕猴桃质量安全控制行为

影响路径，前者包括集体规范、信任关系、监督机制等变量，后者一般是农资投入行为、质量安全控制行为和农业技术采纳行为的综合表现。这些变量往往无法直接观测，并且难以避免主观测量误差的出现。目前，SEM 模型是处理上述无法直接观测变量的常用方法，通过设置潜变量将无法直接观测的变量和主观误差纳入模型进行分析。本章构建的结构方程模型如下所示：

$$\eta = B\eta + \Gamma\xi + \zeta \qquad\qquad (6-1)$$

$$Y = \Lambda_y\eta + \varepsilon \qquad\qquad (6-2)$$

$$X = \Lambda_x\xi + \sigma \qquad\qquad (6-3)$$

方程（6-1）为结构模型，η 为猕猴桃种植户生产行为（内生潜变量），ξ 为农户自主治理特征要素（外源潜变量），η 通过 B 和 Γ 系数矩阵以及误差向量 ζ 把猕猴桃种植户生产行为和农户自主治理特征要素联系起来。方程（6-2）和方程（6-3）为测量模型，X 为农户自主治理特征要素的可观测变量，Y 为猕猴桃种植户生产行为的可观测变量，Λ_x 为农户自主治理特征要素与其可观测变量的关联系数矩阵，Λ_y 为猕猴桃种植户生产行为变量与其可观测变量的关联系数矩阵，通过测量模型，猕猴桃种植户的生产行为和农户自主治理特征要素可以由可观测变量来反映。

该模型需要估计的参数包括：农户自主治理特征要素和猕猴桃种植户生产行为之间的路径系数、农户自主治理特征要素与其可观测变量之间的路径系数、猕猴桃种植户生产行为与其可观测变量之间的路径系数、猕猴桃种植户生产行为变量的误差项、可观测变量的误差项以及误差项与误差项之间的协方差。

四　农户自主治理影响质量安全控制行为模型估计及结果分析

使用 AMOS 7.0 软件对本章构建的结构方程模型进行分析。

根据拟合审查结果对各个模型进行修正，逐步剔除产生违反估计的变量，即剔除估计标准化系数超过1，且误差变异系数为负的变量。以此为基础，对各模型估计结果进行渐进式修正，经过数次修正后得到结构方程模型拟合路径（见图6－2）和结构方程模型路径系数估计（见表6－6）。根据结构方程的应用程序，当模型估计的标准化路径系数没有超过或接近1，没有负的误差变异系数，协方差间标准化估计值相关系数符合正定矩阵时，可以对拟合模型分别进行整体适配度估计，适配度估计结果如表6－5所示。

（一）结构方程模型拟合路径

农户自主治理影响猕猴桃种植户质量安全控制行为结构方程模型拟合路径如图6－2所示。

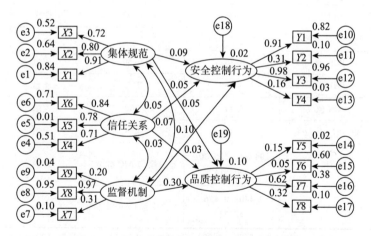

图6－2 农户自主治理影响猕猴桃质量安全控制行为结构方程模型拟合路径

（二）结构方程模型整体适配度检验

结构方程模型整体适配度指标如表6－5所示，可知拟合结果良好。

表 6 – 5　农户自主治理影响猕猴桃质量安全控制行为结构方程拟合参数

拟合指数	估计值	建议值	拟合效果
绝对适配度指数			
GFI 值	0. 966	> 0. 9	理想
AGIF 值	0. 952	> 0. 9	理想
RMR 值	0. 013	< 0. 05	理想
RMSEA	0. 037	< 0. 05	适配良好
NCP 值	0. 000	< 0. 05	理想
增值适配度指数			
NFI 值	0. 934	> 0. 90	理想
RFI 值	0. 918	> 0. 90	理想
IFI 值	0. 968	> 0. 90	理想
TLI 值（NNFI)	0. 960	> 0. 90	理想
CFI 值	0. 967	> 0. 90	理想
简约适配度指数			
PCFI 值	0. 782	> 0. 50	理想
PNFI 值	0. 755	> 0. 50	理想
CN 值	208. 94	> 200	理想
NC 值（χ^2/df)	1. 899	介于 1 和 3 之间	理想
AIC	294. 94；306. 00；3203. 14	理论模型 AIC 最小	理想
CAIC	0. 440；0. 456；4. 774	理论模型 CAIC 最小	理想

注：参数建议值来自吴明隆（2009）、吴林海等（2011）、王建华等（2016）。

（三）结构方程模型路径系数估计

农户自主治理影响猕猴桃质量安全控制行为路径系数估计如表 6 – 6 所示。

表 6 - 6 农户自主治理影响猕猴桃质量安全控制行为路径系数估计

	路径	路径系数	标准差	临界值	P 值	标准化路径系数
结构模型	安全控制行为←集体规范	0.063	0.029	2.202	0.028	0.092
	安全控制行为←信任关系	0.038	0.031	1.249	0.212	0.053
	安全控制行为←监督机制	0.230	0.098	2.351	0.019	0.102
结构模型	品质控制行为←集体规范	0.006	0.008	0.741	0.459	0.050
	品质控制行为←信任关系	0.004	0.008	0.484	0.628	0.031
	品质控制行为←监督机制	0.114	0.063	1.808	0.071	0.303
测量模型	Y1 低毒农药←安全控制行为	1				0.908
	Y2 休药期控制←安全控制行为	0.829	0.104	8.002	***	0.308
	Y3 浓度控制←安全控制行为	1.511	0.082	18.488	***	0.981
	Y4 残留控制←安全控制行为	0.222	0.056	3.935	***	0.159
	Y5 生物防治←品质控制行为	1				0.151
	Y6 科学修剪←品质控制行为	0.258	0.298	0.864	0.387	0.053
	Y7 水肥一体←品质控制行为	5.284	3.011	1.755	0.079	0.620
	Y8 三品一标←品质控制行为	2.220	0.928	2.392	0.017	0.318
	X1 集体规范1←集体规范	1				0.914
	X2 集体规范2←集体规范	0.934	0.043	21.536	***	0.802
	X3 集体规范3←集体规范	0.855	0.044	19.586	***	0.718
	X4 信任关系1←信任关系	1				0.711
	X5 信任关系2←信任关系	0.961	0.056	17.201	***	0.782
	X6 信任关系3←信任关系	1.080	0.063	17.215	***	0.845
	X7 监督机制1←监督机制	1				0.313
	X8 监督机制2←监督机制	3.085	1.25	2.468	0.014	0.975
	X9 监督机制3←监督机制	0.622	0.145	4.299	***	0.196

注：*** 表示 1% 的显著性水平。

（四）结构方程模型路径分析

从结构方程估计结果所反映的潜变量间的相互关系来看，集体规范和监督机制对猕猴桃安全控制行为具有显著正向影响，标准化路径系数分别为 0.092 和 0.102，且均在 5% 的水平下显著，说明参与农户自主治理的猕猴桃种植户感知的集体规范越强烈，感知的监督机制越强烈，则他们对猕猴桃安全控制行为采纳概率越高；而监督机制对猕猴桃品质控制行为具有显著正向影响，标准化路径系数为 0.303，且在 10% 的水平下显著，说明参与农户自主治理的猕猴桃种植户感知的监督机制越强烈，其采纳猕猴桃品质控制行为的概率越高。

由表 6 - 6 还可以看到，信任关系对猕猴桃安全控制行为和品质控制行为的影响均不显著，说明无论参与农户自主治理的猕猴桃种植户感知的信任关系强弱，均对其采纳猕猴桃安全控制行为和品质控制行为无显著影响；而种植户感知的集体规范强弱对其采纳猕猴桃品质控制行为无显著影响。推测信任关系对猕猴桃种植户安全控制行为和品质控制行为未产生影响的原因有二：一方面，农户自主治理实质上是建立在种植户相互信任基础上的，是形成种植户合作的必要条件，即相互依存的猕猴桃种植户所拥有的"信任资本"是形成和维系农户自主治理的关键要素，有利于缓解农户自主治理的不确定性，降低种植户之间的交易成本，促进农户自主治理的运行（黄珺等，2005）；另一方面，农户自主治理是依靠"熟人社会"网络、习俗规范进行交易的非正式组织，其成员种植户形成的集体规范具有非正式合约的特征，具有"自我实施"的性质，而信任关系就是促使集体规范形成的主导因素。因此，种植户对信任关系的感知并未直接作用于猕猴桃安全控制行为和品质控制行为。

从结构方程模型估计结果反映的可观测变量与潜变量的相互

关系来看，可以将其归纳如下。

第一，猕猴桃安全控制行为和可观测变量之间的关系。猕猴桃种植户的低毒农药使用行为、休药期控制行为、农药浓度控制行为以及农药残留控制行为的标准化路径系数分别为 0.908、0.308、0.981 和 0.159，且在 1% 的水平下显著，说明上述可观测变量对猕猴桃安全控制行为的表征作用不同，其中低毒农药使用行为和农药浓度控制行为表征作用较强，而休药期控制行为和农药残留控制行为表征作用较弱；而各个可观测变量对猕猴桃安全控制行为影响方向相同且为正，说明种植户的低毒农药使用行为概率越高、农药浓度控制行为概率越高、休药期控制行为概率越高、农药残留控制行为概率越高，则他们采纳猕猴桃安全控制行为概率越高。

第二，猕猴桃品质控制行为和可观测变量之间的关系。猕猴桃种植户采纳的生物防治技术行为、水肥一体技术行为和三品一标认证行为的标准化路径系数分别为 0.151、0.620 和 0.318，且通过了显著性检验，说明上述可观测变量对猕猴桃品质控制行为的表征作用不同，从强到弱依次为水肥一体技术采纳行为、三品一标认证行为和生物防治技术采纳行为，各个可观测变量对猕猴桃品质控制行为均为正向影响，说明种植户的水肥一体技术采纳行为概率越高、三品一标认证行为概率越高和生物防治技术采纳行为概率越高，则他们采纳猕猴桃品质控制行为概率越高。此外，种植户科学修剪技术采纳行为未通过显著性检验，说明该可观测变量可能不适合表征猕猴桃品质控制行为。

第三，集体规范和可观测变量之间的关系。猕猴桃优质安全生产计划、优质安全重要性认知和克服困难意愿的标准化路径系数分别为 0.914、0.802 和 0.718，均通过了显著性检验且路径系数有所差异，说明三个可观测变量表征集体规范的效果不同，其中，猕猴桃优质安全生产计划表征作用最强，克服困难意愿表征作用最弱；而可观测变量对潜变量影响方向相同且均为正，说明猕猴桃种植户生产优质安全猕猴桃的计划越强烈，对猕猴桃优质安全重要性的认知越深刻，克服困难生产优质安全猕猴桃的意愿越强烈，则其参与的农户自主治理的集体规范越强烈。

第四，信任关系和可观测变量之间的关系。种植户被村干部农户/中介农户相信、被街坊四邻支持和相信街坊四邻的标准化路径系数分别为 0.711、0.782 和 0.845，均通过了显著性检验且影响方向相同。这说明三个可观测变量在潜变量信任关系方面效用几乎相同，在表征种植户信任关系方面的作用几乎相同，即种植户越被村干部农户/中介农户相信、越被街坊四邻支持以及越相信街坊四邻，则其信任关系发展程度和水平越高。

第五，监督机制和可观测变量之间的关系。种植户的非规范生产行为被村干部农户/中介农户发现，被街坊四邻发现以及能够发现街坊四邻的非规范生产行为的标准化路径系数分别为 0.313、0.975 和 0.196，均通过了显著性检验且路径系数差异较大，说明三个可观测变量表征监督机制的效果不同，其中种植户的非规范生产行为被街坊四邻发现表征的监督机制的作用最强，而种植户的非规范生产行为被村干部农户/中介农户发现以及能够发现街坊四邻的非规范生产行为表征的监督机制的作用较弱。上述可观测变量的作用方向均为正，说明种植户的非规范生产行为越容易被外界观测到，其感知的监督机制越强，但种植户履行监督义务的作用提高自身对监督机制感知的效果要比外界监督弱。这与调研实践结论基本吻合，农户往往更关心街坊四邻对自己的看法，但表达对街坊四邻的看法时往往更加含蓄。

五　本章小结

本章探索农户自主治理特征要素对猕猴桃种植户生产行为的

作用路径，以田野调查数据为基础，利用 SEM 模型，验证集体规范、信任关系和监督机制对猕猴桃质量安全控制行为作用路径。具体结论如下。

第一，从结构方程模型估计结果所反映的潜变量间的相互关系来看，集体规范和监督机制对猕猴桃安全控制行为具有显著正向影响，即参与农户自主治理的猕猴桃种植户感知的集体规范越强烈，感知的监督机制越强烈，则他们对猕猴桃安全控制行为采纳概率越高；监督机制对猕猴桃品质控制行为具有显著正向影响，说明参与农户自主治理的猕猴桃种植户感知的监督机制越强烈，其采纳猕猴桃品质控制行为的概率越高；信任关系对猕猴桃安全控制行为和品质控制行为的影响均不显著，集体规范对猕猴桃品质控制行为的影响不显著。

第二，内生潜变量和可观测变量关系得到验证且作用路径为正。猕猴桃种植户的低毒农药使用行为、休药期控制行为、农药浓度控制行为以及农药残留控制行为可以表征猕猴桃安全控制行为，猕猴桃种植户采纳的生物防治技术行为、水肥一体技术行为和三品一标认证行为可以表征猕猴桃品质控制行为。上述可观测变量对潜变量的影响均为正，说明种植户的低毒农药使用行为概率越高、农药浓度控制行为概率越高、休药期控制行为概率越高以及农药残留控制行为概率越高，则他们采纳猕猴桃安全控制行为概率越高；种植户水肥一体技术采纳行为概率越高、三品一标认证行为概率越高和生物防治技术采纳行为概率越高，则他们采纳猕猴桃品质控制行为概率越高。

第三，外源潜变量和可观测变量关系得到验证且作用路径为正向。猕猴桃优质安全生产计划、优质安全重要性认知和克服困难意愿可以表征集体规范，种植户被村干部农户/中介农户相信、被街坊四邻支持和相信街坊四邻可以表征信任关系，种植户的非规范生产行为被村干部农户/中介农户发现、被街坊四邻发现以及能够发现街坊四邻的非规范生产行为可以表征监督机制。上述可观测变量对潜变量作用路径为正，说明猕猴桃种植户生产优质安全猕猴桃的计划越强烈，对猕猴桃优质安全重要性的认知越深刻，克服困难生产优质安全猕猴桃的意愿越强烈，则说明其参与的农户自主治理的集体规范越强烈；种植户越被村干部农户/中介农户相信、越被街坊四邻支持以及越相信街坊四邻，则其信任关系发展程度和水平越高；种植户的非规范生产行为越容易被外界观测到，其感知的监督机制越强，但种植户履行监督义务的作用提高自身对监督机制感知的效果要比外界监督弱。

第七章 ◀
研究结论及政策建议

一 研究结论

针对我国农产品质量安全源头治理问题，当前的理论研究普遍认为应当加强政府监管，实施农产品供应链管理，或者构建"龙头企业或合作社＋农户"的生产模式，实现对农户生产行为的监管，达到保障农产品质量安全的目的。然而，这种具有"中央机构"特征的"外部治理"方式，往往由于"信息不对称"陷入治理难度大、成本高、难以持续有效的尴尬境地。根据农户自主治理理论，由农户实施的农户自主治理能够制定非正式的、更加灵活的制度，依靠组织成员自律和自我控制，实现农户的"内部治理"。这种农户自主治理的思路，打破了中央机构治理对策"堵"的思路，不再从消费者或监管者的角度提出解决对策，创造性地遵循"疏"的原则，关注农业内在发展机制。基于上述判断，本书构建了农户自主治理与农产品质量安全研究理论框架，并以陕西省猕猴桃种植户为例，采用实证方法进行分析，得出如下结论。

第一，农户自主治理显著影响猕猴桃质量安全，对提高猕猴桃质量安全水平具有积极意义。参与农户自主治理后，种植户生产的猕猴桃获得"三品一标"认证概率更高，猕猴桃等级规格更高，猕猴桃质量水平显著提高，同时猕猴桃农药残留程度明显降低。作为对比，参加合作社或龙头企业也有利于提升成员种植户的猕猴桃获得"三品一标"认证概率、猕猴桃等级规格，并降低猕猴桃农药残留程度，但对猕猴桃质量水平无显著影响，而政府示范园对猕猴桃质量安全的影响未通过显著性检验。然而，当农户自主治理、合作社或龙头企业同时显著影响猕猴桃质量安全时，农户自主治理变量的系数比合作社或龙头企业变量的系数高，可以认为前者对猕猴桃质量安全的影响比后者更强。

第二，农户自主治理显著影响猕猴桃质量安全控制行为，显著促进种植户对猕猴桃质量安全控制行为的采纳。参与农户自主治理后，种植户显著增加农资投入金额并减少农资投入次数，改善了其对农药残留和农药药效的认知，更多使用低毒高效低残留农药、接受农药使用指导、实施休药期控制和农药浓度控制行为，增加了有机肥施用量，更多采纳生物防治技术和科学修剪技术。尽管参与农户自主治理未能禁止膨大剂的使用，但参与农户自主治理后，种植户对膨大剂的施用量显著下降。结合调研实践可知，样本种植户普遍认为"不使用膨大剂的猕猴桃因果实小、果形差而无法出售"，说明猕猴桃市场需求是农户依赖膨大剂的根本原因，即农户普遍存在的"损失厌恶"是农户不敢放弃膨大剂使用的根源，所以改变市场需求，降低农户"损失预期"才是禁用膨大剂的根本途径。

第三，农户自主治理特征要素是影响猕猴桃质量安全控制行为的关键因素，集体规范和监督机制对猕猴桃安全控制行为具有显著正向影响，即参与农户自主治理的猕猴桃种植户感知的集体规范越强烈，感知的监督机制越强烈，则他们对猕猴桃安全控制行为采纳概率越高；监督机制对猕猴桃品质控制行为具有显著正向影响，说明参与农户自主治理的猕猴桃种植户感知的监督机制越强烈，其采纳猕猴桃品质控制行为的概率越高；信任关系对猕猴桃安全控制行为和品质控制行为的影响均不显著，集体规范对猕猴桃品质控制行为的影响不显著。进一步分析发现：猕猴桃种植户生产优质安全猕猴桃的计划越强烈，对猕猴桃优质安全重要性的认知越深刻，克服困难生产优质安全猕猴桃的意愿越强烈，则集体规范效果越显著；种植户越被村干部农户/中介农户相信、越被街坊四邻支持以及越相信街坊四邻，则其信任关系发展程度和水平越高；种植户的非规范生产行为越容易被外界观测到，其感知的监督机制越强，但种植户履行监督义务的作用提高自身对监督机制感知的效果要比外界监督弱。

第四，种植户是否参与农户自主治理受到下述因素的显著影响：一是户主年龄和种植年限对猕猴桃种植户参与农户自主治理有显著影响，即当户主年龄相同时，种植年限越长的种植户参与农户自主治理的概率越大，而当种植年限相同时，户主年龄越大的种植户参与农户自主治理的概率越低；二是耕地块数、地理位置及其是否适合对猕猴桃种植户参与农户自主治理有显著影响，即猕猴桃种植户耕地条件越好（分块少、近水源、适合种植），其参与农户自主治理的概率越高；三是种植面积和农资成本对猕猴桃种植户参与农户自主治理有显著影响，即种植面积越大，农资成本投入越高，猕猴桃种植户参与农户自主治理的概率越高。

二　政策建议

第一，关注农户自主治理的发展，农户自主治理是实现村民组织化、推动农村产业兴旺的有效途径。村庄是我国社会治理体系中最基本的单元，改革开放以来，我国乡村社会逐步由相对封闭的静态转型为流动加剧的动态，农业生产方式日益变革、农村社会结构日益分化、农民思想观念日益多元，传统的乡村治理模式越来越难以适应新形势不断变化的要求。本书研究的农户自主治理是建立在村庄基础上的农民经济合作组织，一方面，这种农户自主治理打破了农民被动接受管理的局面，能够激发农民的积极性，对于实现村民的自我教育、自我约束和自我价值具有重要意义；另一方面，这种农户自主治理建立在村庄优势产业基础之上，对于促进农村"产业兴旺"具有积极作用，农户自主治理能够消除破坏产业持续发展的不良行为，促使规范标准成为产业发展的基础。"治理之道，莫要于安民。"农户自主治理有利于村民自我实现感的增强，有利于农村产业持续发展，有利于保障农民收入，因此，其是实现村庄治理的有效组织模式。我国政府应重视农户自主治理的发展，在有条件的村庄推动农户自主治理形成，通过政策引导，实现农户自主治理的良好发展，进而推动农村产业可持续发展。

第二，重视农户自主治理在保障农产品质量安全方面的作用，是农产品质量安全政府监管的有效补充。农产品质量安全源头治理问题是理论研究和实践治理面临的重大难题，当前，我国农产品质量安全监管正处在起步阶段，相关标准和监管手段尚不完善，特别是在广大的农村地区存在大量空白，几乎无法对分散小规模家户生产进行监督，从而不能准确识别农产品生产行为，进而造成过量使用农药、化肥以及违规使用激素、添加剂行为屡禁不止，从这个视角分析，农户才是农产品质量安全源头治理的关键主体，有效约束农户生产行为（质量安全控制行为）才是保障农产品质量安全的重中之重。与政府监管等外部治理思路不同，农户自主治理是由农户自发组织起来的实施自我治理的经济组织，借助农村"熟人社会"的网络关系，能够实现农户相互监督、相互制约的农产品质量安全治理，正如实证结果那样，农户往往能够感受到来自村干部农户/中介农户以及街坊四邻的监督，并且也能发挥监督街坊四邻的作用。因此，农户自主治理是实现农产品源头治理的有效途径，可以作为政府监管的补充力量，对于促进农产品质量安全具有重要价值。

第三，促进农户自主治理内涵和外延发展，扩大农户自主治理影响力。本书分析的农户自主治理存在天然的边界，即村庄的地理边界，然而，村庄的"良好声誉"属于无形资产的范畴，事实上并没有地域的限制。结合调研实践，课题组发现，村庄的良好声誉具有扩展性，一方面，周边村庄在感知特定村庄"良好声誉"带来的超额收益后，也倾向于学习该村庄农产品生产规范，同样能够促进周边村庄农产品质量安全水平的提高，也能提升周边村庄声誉；另一方面，中介农户是农户自主治理过程中重要的推动者，作为农产品采购商的代理者，在利益驱动下，中介农户倾向于推动周边村庄农产品质量安全提升，也有利于周边村庄声誉的提升。如果周边村庄能够共享特定村庄的"良好声誉"，那么，农产品质量安全的治理就不再局限于村庄地理边界，而能够在更广阔的地区推动农业产业发展，确保农产品质量安全源头治理。尽管伴随成员的增加，农户自主治理沟通成本将呈现上升趋势，但相对于政府全面监管的成本仍可以忽略。因此政府应该重视农户自主治理内涵和外延建设，在条件具备的情况下，推动农户自主治理的发展。

▶ 参考文献

〔美〕奥尔森，1995，《集体行动的逻辑》，陈郁等译，上海三联
　　出版社。

毕茜、陈赞迪、彭珏，2014，《农户亲环境农业技术选择行为的
　　影响因素分析——基于重庆 336 户农户的统计分析》，《西南
　　大学学报》（社会科学版）第 6 期。

宾幕容、文孔亮、周发明，2017，《湖区农户畜禽养殖废弃物资
　　源化利用意愿和行为分析——以洞庭湖生态经济区为例》，
　　《经济地理》第 9 期。

蔡晶晶，2012，《乡村水利合作困境的制度分析——以福建省吉
　　龙村农民用水户协会为例》，《农业经济问题》第 12 期。

常倩、王士权、李秉龙，2016，《农业产业组织对生产者质量控
　　制的影响分析——来自内蒙古肉羊养殖户的经验证据》，《中
　　国农村经济》第 3 期。

陈凤霞、吕杰，2010，《农户采纳稻米质量安全技术影响因素的
　　经济学分析——基于黑龙江省稻米主产区 325 户稻农的实证
　　分析》，《农业技术经济》第 2 期。

陈会英、郑强国，2001，《中国农户科技水平影响因素与对策研
　　究》，《农业技术经济》第 2 期。

陈丽华、张卫国、田逸飘，2016，《农户参与农产品质量安全可

追溯体系的行为决策研究——基于重庆市 214 个蔬菜种植农户的调查数据》，《农村经济》第 10 期。

陈剩勇、马斌，2004，《温州民间商会：农户自主治理的制度分析——温州服装商会的典型研究》，《管理世界》第 12 期。

程琳、郑军，2014，《菜农质量安全行为实施意愿及其影响因素分析——基于计划行为理论和山东省 497 份农户调查数据》，《湖南农业大学学报》（社会科学版）第 4 期。

储成兵、李平，2013，《农户对转基因生物技术的认知及采纳行为实证研究——以种植转基因 Bt 抗虫棉为例》，《浙江财经大学学报》第 1 期。

储成兵，2015，《农户病虫害综合防治技术的采纳决策和采纳密度研究——基于 Double-Hurdle 模型的实证分析》，《农业技术经济》第 9 期。

代云云、徐翔，2012，《农户蔬菜质量安全控制行为及其影响因素实证研究——基于农户对政府、市场及组织质量安全监管影响认知的视角》，《南京农业大学学报》（社会科学版）第 12 期。

费威，2013，《食品生产企业的产量决策及其影响因素研究——基于实施食品安全措施的不同方式》，《食品工业科技》第 10 期。

高辉灵、梁昭坚、陈秀兰等，2011，《测土配方施肥技术采纳意愿的影响因素分析——基于对福建省农户的问卷调查》，《福建农林大学学报》（哲学社会科学版）第 1 期。

高雷，2010，《农户采纳行为影响内外部因素分析——基于新疆石河子地区膜下滴灌节水技术采纳研究》，《农村经济》第 5 期。

高锁平、裴红罗，2011，《农民专业合作社：控制农产品质量安全的有效载体——以浙江临海市上盘西兰花合作社为例》，

《农村经济》第 1 期。

高万芹、龙斧，2016，《村民自治与公共品供给的权利义务均衡机制——以 Z 县 G 乡 L 村为个案》，《南京农业大学学报》（社会科学版）第 5 期。

耿宇宁、郑少锋、陆迁，2017a，《经济激励、社会网络对农户绿色防控技术采纳行为的影响——来自陕西猕猴桃主产区的证据》，《华中农业大学学报》（社会科学版）第 6 期。

耿宇宁、郑少锋、王建华，2017b，《政府推广与供应链组织对农户生物防治技术采纳行为的影响》，《西北农林科技大学学报》（社会科学版）第 1 期。

顾莉丽、郭庆海，2015，《农民合作社在农产品质量安全管理中的功能及运作机制——基于吉林省农民合作社的分析》，《中国流通经济》第 8 期。

韩青、谭向勇，2004，《农户灌溉技术选择的影响因素分析》，《中国农村经济》第 1 期。

韩杨、陈建先、李成贵，2011，《中国食品追溯体系纵向协作形式及影响因素分析——以蔬菜加工企业为例》，《中国农村经济》第 12 期。

韩耀，1995，《中国农户生产行为研究》，《经济纵横》第 5 期。

郝利、李庆江，2013，《农户对农产品质量安全成本收益的认知分析——基于 18 省农户的抽样调查》，《农业技术经济》第 9 期。

郝利、任爱胜、冯忠泽等，2008，《农产品质量安全农户认知分析》，《农业技术经济》第 6 期。

何如海、江激宇、张士云等，2013，《规模化养殖下的污染清洁处理技术采纳意愿研究——基于安徽省 3 市奶牛养殖场的调研数据》，《南京农业大学学报》（社会科学版）第 3 期。

侯守礼、王威、顾海英，2004，《不完备契约及其演进：政府、信任和制度——以奶业契约为例》，《中国农村观察》第

6 期。

胡定寰、陈志钢、孙庆珍等，2006，《合同生产模式对农户收入和食品安全的影响——以山东省苹果产业为例》，《中国农村经济》第 11 期。

华红娟、常向阳，2011，《供应链模式对农户食品质量安全生产行为的影响研究——基于江苏省葡萄主产区的调查》，《农业技术经济》第 11 期。

黄季焜，1999，《我国农业科技投资及其政策研究》，面向 21 世纪的科技进步与社会经济发展论文集。

黄珺、顾海英、朱国玮，2005，《中国农户合作行为的博弈分析和现实阐释》，《中国软科学》第 12 期。

黄胜忠、丘莒莒，2014，《环境应对、消费者需求响应与农民专业合作社的质量控制行为》，《农村经济》第 4 期。

季柯辛、乔娟、耿宁，2017，《农户技术采纳的一个关键影响因素：技术扩散模式》，《科技管理研究》第 23 期。

江激宇、柯木飞、张士云等，2012，《农户蔬菜质量安全控制意愿的影响因素分析——基于河北省藁城市 151 份农户的调查》，《农业技术经济》第 5 期。

孔祥斌、李翠珍、张凤荣等，2010，《基于农户土地利用目标差异的农用地利用变化机制研究》，《中国农业大学学报》第 4 期。

孔祥智、钟真，2009，《奶站质量控制的经济学解释》，《农业经济问题》第 9 期。

雷玉琼、朱寅茸，2010，《中国农村环境的农户自主治理路径研究——以湖南省浏阳市金塘村为例》，《学术论坛》第 8 期。

李博伟、徐翔，2017，《社会网络、信息流动与农民采用新技术——格兰诺维特"弱关系假设"的再检验》，《农业技术经济》第 12 期。

李功奎、应瑞瑶，2004，《"柠檬市场"与制度安排——一个关于农产品质量安全保障的分析框架》，《农业技术经济》第3期。

李凯、周洁红、陈潇，2015，《集体行动困境下的合作社农产品质量安全控制》，《南京农业大学学报》（社会科学版）第4期。

李树业、李雷军，2006，《组织合作运行的内化机制》，《科学管理研究》第3期。

李文钊、张黎黎，2008，《村民自治：集体行动、制度变迁与公共精神的培育——贵州省习水县赶场坡村组自治的个案研究》，《管理世界》第10期。

梁流涛、曲福田、诸培新等，2008，《不同兼业类型农户的土地利用行为和效率分析——基于经济发达地区的实证研究》，《资源科学》第10期。

刘红岩、李娟，2015，《农产品质量安全：多重规制、行为重塑与治理绩效——基于"安丘模式"的调研分析》，《农村经济》第12期。

娄博杰、宋敏、张庆文等，2014，《农户高毒农药施用行为影响因素分析——以东部六省调研数据为例》，《农村经济》第7期。

娄博杰，2015，《基于农产品质量安全的农户生产行为研究》，博士学位论文，中国农业科学院。

罗家德、李智超，2012，《乡村社区自组织治理的信任机制初探——以一个村民经济合作组织为例》，《管理世界》第10期。

罗家德、秦朗、方震平，2014，《社会资本对村民政府满意度的影响——基于2012年汶川震后调查数据的分析》，《现代财经》（天津财经大学学报）第6期。

罗小娟、冯淑怡、石晓平等，2013，《太湖流域农户环境友好型技术采纳行为及其环境和经济效应评价——以测土配方施肥技术为例》，《自然资源学报》第 11 期。

毛寿龙、杨志云，2010，《无政府状态、合作的困境与农村灌溉制度分析——荆门市沙洋县高阳镇村组农业用水供给模式的个案研究》，《理论探讨》第 2 期。

毛寿龙，2004，《西方公共政策的理论发展之路及其对本土化研究的启示》，《江苏社会科学》第 1 期。

农业部，2014，《关于印发"特色农产品区域布局规划（2013—2020 年）"的通知》。

欧阳琦、石肖然，2012，《农业合作组织对农产品质量安全作用的博弈分析》，《农村经济》第 11 期。

彭建仿、杨爽，2011，《共生视角下农户安全农产品生产行为选择——基于 407 个农户的实证分析》，《中国农村经济》第 12 期。

秦明、范焱红、王志刚，2016，《社会资本对农户测土配方施肥技术采纳行为的影响——来自吉林省 703 份农户调查的经验证据》，《湖南农业大学学报》（社会科学版）第 6 期。

青木昌彦、周黎安，2001，《为什么多样性制度继续在演进?》，《经济社会体制比较》第 6 期。

宋英杰、李中东，2013，《政府管制对农产品质量安全技术扩散影响的实证研究》，《科研管理》第 7 期。

孙若愚、周静，2015，《基于损害控制模型的农户过量使用兽药行为研究》，《农业技术经济》第 10 期。

孙世民、张媛媛、张健如，2012，《基于 Logit-ISM 模型的养猪场（户）良好质量安全行为实施意愿影响因素的实证分析》，《中国农村经济》第 10 期。

谈存峰、张莉、田万慧，2017，《农田循环生产技术农户采纳意愿影响因素分析——西北内陆河灌区样本农户数据》，《干旱区资源与环境》第 8 期。

谭江涛、彭淑红，2013，《农村"公共池塘"资源治理中的集体
　　行动困境与制度分析——基于安徽桐城市青草镇黄砂资源过
　　度采集问题的个案研究》，《公共管理学报》第 10 期。

唐爱慧、陶冶、冯开文，2015，《中国食品质量安全监管的演进
　　（1978－2014）》，《中国经济史研究》第 6 期。

陶群山、胡浩、王其巨，2013，《环境约束条件下农户对农业新
　　技术采纳意愿的影响因素分析》，《统计与决策》第 1 期。

陶善信、李丽，2016，《农产品质量安全标准对农户生产行为的
　　规制效果分析——基于市场均衡的视角》，《农村经济》第
　　2 期。

陶善信、李丽，2014，《蔬菜种植农户质量安全控制的双重目标
　　分析》，《农村经济》第 4 期。

童洪志、刘伟，2017，《农户秸秆还田技术采纳行为影响因素实
　　证研究——基于 311 户农户的调查数据》，《农村经济》第
　　4 期。

童霞、高申荣、吴林海，2014，《农户对农药残留的认知与农药
　　施用行为研究——基于江苏、浙江 473 个农户的调研》，《农
　　业经济问题》第 1 期。

汪凤桂、林建峰，2015，《农业龙头企业对水产养殖户质量安全
　　行为的影响》，《华中农业大学学报》（社会科学版）第 6 期。

汪海波、辛贤，2008，《农户采纳沼气行为选择及影响因素分
　　析》，《农业经济问题》第 12 期。

汪建、庄天慧，2015，《贫困地区社会资本对农户新技术采纳意
　　愿的影响分析——基于四川 16 村 301 户农户的调查》，《农
　　村经济》第 4 期。

汪普庆、熊航、瞿翔等，2015，《供应链的组织结构演化与农产
　　品质量安全——基于 NetLogo 的计算机仿真》，《农业技术经

济》第 8 期。

汪普庆、周德翼、吕志轩，2009，《农产品供应链的组织模式与食品安全》，《农业经济问题》第 3 期。

汪洋，2015，《确保农产品质量和食品安全》，人民网，http://tv. people. com. cn/n/2015/1020/c61600 - 27720844. html，10月 20 日。

王慧敏、乔娟，2011，《农户参与食品质量安全追溯体系的行为与效益分析——以北京市蔬菜种植农户为例》，《农业经济问题》第 2 期。

王建华、刘茁、李俏，2015，《农产品安全风险治理中政府行为选择及其路径优化——以农产品生产过程中的农药施用为例》，《中国农村经济》第 11 期。

王蕾、王锋，2009，《农产品质量安全可追溯系统有效实施的经济分析：一个概念框架》，《软科学》第 7 期。

王庆、柯珍堂，2010，《农民合作经济组织的发展与农产品质量安全》，《湖北社会科学》第 8 期。

王群，2010，《奥斯特罗姆制度分析与发展框架评介》，《经济学动态》第 4 期。

王瑜、应瑞瑶，2008，《垂直协作与农产品质量控制：一个交易成本的分析框架》，《经济问题探索》第 4 期。

卫龙宝、卢光明，2004，《农业专业合作组织实施农产品质量控制的运作机制探析——以浙江省部分农业专业合作组织为例》，《中国农村经济》第 7 期。

卫龙宝、王恒彦，2005，《安全果蔬生产者的生产行为分析——对浙江省嘉兴市无公害生产基地的实证研究》，《农业技术经济》第 6 期。

吴光芸、李建华，2009，《区域合作的社会资本因素分析》，《贵州社会科学》第 3 期。

吴淼、王家铭，2012，《家户经营模式下的农产品质量安全风险及其治理》，《农村经济》第1期。

吴明隆，2009，《结构方程模型》，重庆大学出版社。

吴强、张园园、孙世民，2016，《奶农与乳品加工企业质量控制策略演化分析——基于双种群进化博弈理论视角》，《湖南农业大学学报》（社会科学版）第3期。

吴强、张园园、孙世民，2017，《基于Logit-ISM模型的奶农全面质量控制行为分析》，《农业技术经济》第3期。

吴学兵、乔娟，2014，《养殖场（户）生猪质量安全控制行为分析》，《华南农业大学学报》（社会科学版）第1期。

〔美〕西奥多·W.舒尔茨，2009，《改造传统农业》，梁小民译，商务印书馆。

夏英、宋伯生，2001，《食品安全保障：从质量标准体系到供应链综合管理》，《农业经济问题》第11期。

谢方、徐志文，2015，《农业技术入户一个不可忽视的影响因素：社会规范》，《中南大学学报》（社会科学版）第5期。

徐金海，2007，《政府监管与食品质量安全》，《农业经济问题》第11期。

徐静、姚冠新、周正嵩等，2015，《质量承诺对农产品供应链企业财务绩效影响的实证研究》，《工业工程与管理》第4期。

徐涛、赵敏娟、李二辉，2017，《规模化经营与农户"两型技术"持续采纳——以民勤县滴灌技术为例》，《干旱区资源与环境》第2期。

徐勋华，2001，《农民采用先进农业科技的制约因素分析》，《湖南农业大学学报》（社会科学版）第3期。

许益亮、靳明、李明焱，2013，《农产品全产业链运行模式研究——以浙江寿仙谷为例》，《财经论丛》第1期。

许增巍、姚顺波，2016，《社会转型期的乡村公共空间与集体行动——来自河南荥阳农村生活垃圾集中处理农户合作参与行为的考察》，《理论与改革》第 3 期。

薛彩霞、姚顺波，2016，《地理标志使用对农户生产行为影响分析：来自黄果柑种植农户的调查》，《中国农村经济》第 7 期。

鄢贞、周洁红，2015，《现代农业经营主体实施水产品自检行为研究》，《农业技术经济》第 5 期。

殷冉，2013，《基于村民意愿的乡村人居环境改善研究——以南通市典型村庄为例》，硕士学位论文，南京师范大学。

张蓓、林家宝，2014，《可追溯水果消费者购买行为影响因素研究——基于心理反应的综合视角》，《消费经济》第 1 期。

张复宏、宋晓丽、霍明，2017，《果农对过量施肥的认知与测土配方施肥技术采纳行为的影响因素分析——基于山东省 9 个县（区、市）苹果种植户的调查》，《中国农村观察》第 3 期。

张会，2012，《产业链组织模式学位对农户安全农产品生产影响研究》，博士学位论文，西北农林科技大学。

张克中、郭熙保，2009，《如何让发展成果由人民共享——亲贫式增长与社区驱动型发展》，《天津社会科学》第 4 期。

赵佳佳、刘天军、魏娟，2017，《风险态度影响苹果安全生产行为吗——基于苹果主产区的农户实验数据》，《农业技术经济》第 4 期。

赵泉民、李怡，2007，《关系网络与中国乡村社会的合作经济——基于社会资本视角》，《农业经济问题》第 8 期。

赵伟峰、张昆、王海涛，2016，《合作经济组织对农户安全生产行为的影响效应——基于皖、苏养猪户调查数据的实证分析》，《华东经济管理》第 6 期。

郑少锋，2016，《农产品质量安全：成因、治理途径和研究趋势》,《社会科学家》第 5 期。

钟真、孔祥智,2012,《产业组织模式对农产品质量安全的影响:来自奶业的例证》,《管理世界》第 1 期。

钟真、孔祥智,2013,《农产品质量安全问题产生原因与治理措施》,《中南民族大学学报》(人文社会科学版)第 2 期。

钟真、陈淑芬,2014,《生产成本、规模经济与农产品质量安全——基于生鲜乳质量安全的规模经济分析》,《中国农村经济》第 1 期。

钟真、穆娜娜、齐介礼,2016,《内部信任对农民合作社农产品质量安全控制效果的影响——基于三家奶农合作社的案例分析》,《中国农村经济》第 1 期。

周德翼、杨海娟,2002,《食物质量安全管理中的信息不对称与政府监管机制》,《中国农村经济》第 6 期。

周洁红、刘青、王煜,2017,《气候变化对水稻质量安全的影响——基于水稻主产区 1063 个农户的调查》,《浙江大学学报》(人文社会科学版)第 2 期。

周洁红、唐利群、李凯,2015,《应对气候变化的农业生产转型研究进展》,《中国农村观察》第 3 期。

周洁红、张仕都,2011,《蔬菜质量安全可追溯体系建设:基于供货商和相关管理部门的二维视角》,《农业经济问题》第 1 期。

周洁红、幸家刚、虞轶俊,2015,《农产品生产主体质量安全多重认证行为研究》,《浙江大学学报》(人文社会科学版)第 2 期。

周洁红,2006,《农户蔬菜质量安全控制行为及其影响因素分析——基于浙江省 396 户菜农的实证分析》,《中国农村经济》第 11 期。

周开宁、郑少锋,2010,《农产品质量安全问题中的市场失灵与政府干预》,《内蒙古社会科学》(汉文版)第 5 期。

周小梅、范鸿飞,2017,《区域声誉可激励农产品质量安全水平提升吗?——基于浙江省丽水区域品牌案例的研究》,《农业经济问题》第 4 期。

朱方长,2004,《建立高效农业科技推广模式的系统原则和思路》,《农业科技管理》第 1 期。

朱萌、齐振宏、罗丽娜等,2016,《基于 Probit-ISM 模型的稻农农业技术采用影响因素分析——以湖北省 320 户稻农为例》,《数理统计与管理》第 1 期。

朱月季、高贵现、周德翼,2014,《基于主体建模的农户技术采纳行为的演化分析》,《中国农村经济》第 4 期。

吴林海、侯博、高申荣,2011,《基于结构方程模型的分散农户农药残留认知与主要影响因素分析》,《中国农村经济》第 3 期。

王建华、邓远远、吴林海,2016,《意向选择、行为表达与农产品质量安全——基于 Fishbein 模型和结构方程模型的农户施药行为研究》,《软科学》第 10 期。

Agrawal A. A. 2005. Plant Genotype and Environment Interact to Shape a Diverse Arthropod Community on Evening Primrose (Oenothera Biennis) . *Ecology*, 86 (4): 874 – 885.

Antle J. M. 2001. Chapter 19 Economic Analysis of Food Safety. *HandBook of Agricultural Economics*, 1: 1083 – 1136.

Antle J. M. 2000. No Such Thing as a Free Safe Lunch: The Cost of Food Safety Regulation in the Meat Industry. *American Journal of Agricultural Economics*, 82 (2): 310 – 322.

Bertolini M. , Bevilacqua M. , Massini R. 2006. FMECA Approach to Product Traceability in the Food Industry. *Food Control*, 17 (2): 137 – 145.

Bonus H. 1986. The Cooperative Association as a Business Enterprise：
A Study in the Economics of Transactions. *Journal of Institutional & Theoretical Economics*, 142 （2）：310 – 339.

Brondizio E. S. , Ostrom E. , Young O. R. 2009. Connectivity and the Governance of Multilevel Social-Ecological Systems：The Role of Social Capital. *Annual Review of Environment & Resources*, 34 （1）：253 – 278.

Caswell J. A. 1998. Valuing the Benefits and Costs of Improved Food Safety and Nutrition. *Australian Journal of Agricultural & Resource Economics*, 42 （4）：409 – 424.

Colincastillo S. , Woodward R. T. 2015. The Economic Performance and the Potential for Self Governance in the Fishery. Aaea & Waea Joint Meeting, July 26 – 28, San Francisco, California. *Agricultural and Applied Economics Association & Western Agricultural Economics Association.*

Dawes R. M. 1973. The Commons Dilemmas Game：An N-person Mixed-motive Game with a Dominating Strategy for Defection. ORI Research Bulletin, 13：1 – 2.

Furger F. 2010. Accountability and Systems of Self-Governance：The Case of the Maritime Industry. *Law & Policy*, 19 （4）：445 – 476.

Golan E. H. , Krissoff B. , Kuchler F. , et al. 2004. Traceability in the U. S. Food Supply：Economic Theory and Industry Studies. *Agricultural Economics Reports.*

Granovetter M. 1985. *Economic Action and Social Structure：The Problem of Embeddedness.* Social Science Electronic Publishing, 91 （3）：481 – 510.

Grossman S. J. , Hart O. D. 1986. The Costs and Benefits of Ownership：A Theory of Vertical and Lateral Integration. *Journal of Po-*

litical Economy, 94 (4): 691 – 719.

Hardin G. 1968. The Tragedy of the Commons. *Science*, 162 (3): 243 – 253.

Hovelaque V. , Duvaleix-Tréguer S. , Cordier J. 2009. Effects of Constrained Supply and Price Contracts on Agricultural Cooperatives. *European Journal of Operational Research*, 199 (3): 769 – 780.

Ioannis M. , Basil M. 2009. Design of an Integrated Supply Chain Model for Supporting Traceability of Dairy Products. *International Journal of Dairy Technology*, 62 (1): 126 – 138.

Kuwornu J. K. M. , Kuiper W. E. , Pennings J. M. E. 2009. Agency Problem and Hedging in Agri-Food Chains: Model and Application. *Journal of Marketing Channels*, 16 (3): 265 – 289.

Kelepouris T. , Pramatari K. , Doukidis G. 2013. RFID-enabled Traceability in the Food Supply Chain. *Industrial Management & Data Systems*, 107 (2): 183 – 200.

Key N. D. , Macdonald J. M. 2006. Agricultural Contracting Trading Autonomy for Risk Reduction. *Amber Waves*, (Feb) .

Liang J. 2010. Three Essays on Food Safety and Foodborne Illness. *Digital Repository*.

Voss M. D. , Closs D. J. , Calantone R. J. , et al. 2009. The Role of Security in the Food Supplier Selection Decision. *Journal of Business Logistics*, 30 (1): 127 – 155.

Marjariitta K. , Ronni P. 2008. Collaboration and Trust in Two Organic Food Chains. *British Food Journal*, 110 (4/5): 376 – 394.

Matopoulos A. , Vlachopoulou M. , Manthou V. , et al. 2007. A Conceptual Framework for Supply Chain Collaboration: Empirical Evidence from the Agri-food Industry. *Supply Chain Management*, 12 (3): 177 – 186.

Mosher G. A. , Laux C. M. , Hurburgh C. R. 2008. Food Traceability Using Quality Management Systems to Meet the Food and Drug Administration Bioterrorism Act of 2002. *National Association of Industrial Technologists.*

Moustier P. , Tam P. T. G. , Anh D. T. , et al. 2010. The Role of Farmer Organizations in Supplying Supermarkets with Quality Food in Vietnam. *Food Policy*, 35 (1): 69 – 78.

Naidu S. 2005. Heterogeneity and Common Pool Resources: Collective Management of Forests in Himachal Pradesh, India. *Working Papers.*

Ostrom E. 1996. Crossing the Great Divide: Coproduction, Synergy, and Development. *World Development*, 24 (6): 1073 – 1087.

Ostrom E. 1990. *Governing the Commons.* Cambridge University Press.

Ostrom E. 2008. *The Meaning of Social Capital and Its Link to Collective Action.* Social Science Electronic Publishing.

Pargal S. , Gilligan D. O. , Huq M. 2012. *Does Social Capital Increase Participation in Voluntary Solid Waste Management: Evidence from Dhaka, Bangladesh.* Cambridge, UK.

Rábade L. A. , Alfaro J. A. 2006. Buyer-supplier Relationship's Influence on Traceability Implementation in the Vegetable Industry. *Journal of Purchasing & Supply Management*, 12 (1): 39 – 50.

Rong A. , Grunow M. 2010. A Methodology for Controlling Dispersion in Food Production and Distribution. *Or Spectrum*, 32 (4): 957 – 978.

Rubin D. 1974. Characterizing the Estimation of Parameters in Incomplete-Data Problems. *Publications of the American Statistical Association*, 69 (346): 467 – 474.

Rosenbaum P. R. , Rubin D. B. 1983. The Central Role of the Propensity Score in Observational Studies for Causal Effects. *Biometrika*,

70 (1): 41 -55.

Kumar S. 2002. Does Participation in Common Pool Resource Manage-
ment Help the Poor. A Social Cost-benefit Analysis of Joint Forest
Management in Jharkhand, India. *World Development*, 30 (5):
763 - 782.

Sabatier P. A. , Weible C. M. 2007. The Advocacy Coalition Frame-
work: Innovations and Clarifications. *Theories of the Policy
Process*: 446 - 450.

Schipmann C. , Qaim M. 2011. Supply Chain Differentiation, Contract
Agriculture, and Farmers' Marketing Preferences: The Case of
Sweet Pepper in Thailand. *Food Policy*, 36 (5): 667 - 677.

Scott C. Z. 1976. The Moral Economy of the Peasant. Yale University.

Shrestha M. K. 2013. Self-Organizing Network Capital and the Success
of Collaborative Public Programs. *Language Laboratory*:
A. R. B. Etherton: 307 - 329.

Townsend R. , Shotton R. 2008. Fishery's Self-governance: New Direc-
tions in Fisheries Management. *Fao Fisheries Technical Paper*.

Turan N. 2005. Incentives and Institutions: A Comparative Legal and
Economic Study of Food Safety. *Agricultural and Consumer Eco-
nomics*.

Verdenius F. , Smith I. , Furness A. 2006. Using Traceability Systems
to Optimise Business Performance. *Improving Traceability in Food
Processing & Distribution*: 26 - 51.

Vollan B. , Prediger S. , Frölich M. 2013. Co-managing Common-pool
Resources: Do Formal Rules Have to Be Adapted to Traditional
Ecological Norms? . *Ecological Economics*, 95 (4): 51 - 62.

Williams D. M. , Bilodeau M. 2004. Assessment of Voluntary Activation
by Stimulation of One Muscle or Two Synergistic Muscles. *Muscle*

& Nerve, 29 (1): 112.

Wognum P. M. , Bremmers H. , Trienekens J. H. , et al. 2011. Systems for Sustainability and Transparency of Food Supply Chains-Current Status and Challenges. *Advanced Engineering Informatics*, 25 (1): 65 – 76.

猕猴桃种植户生产行为调查问卷

调查地：_____省_____市（县）_____镇_____村

调查者：_____ 调查日期：____年____月____日

尊敬的朋友：

您好，这是一份关于猕猴桃种植行为的调查问卷，调查结果仅供科学研究使用，请您根据实际情况进行选择，谢谢您合作！

西北农林科技大学·经济管理学院

一、农户家庭基本特征

1. 户主个体情况：

姓名_____性别____年龄____受教育年限____兼业_____

2. 家庭基本情况：

你家共有____口人，劳动力（18~60岁）总数____人。

3. 从参与猕猴桃生产的时间上来看，您家的情况为？

①男性劳动力为主　　　　②女性劳动力为主

③男女劳动力持平　　　　④雇用劳动力为主

4. 你家猕猴桃收入占家庭总收入的比例为____

①家庭主要收入来源　　　②占家庭收入一半以上

③不足一半　　　　　　　④非常少，不足20%

二、农户生产经营特征

1. 您家共有耕地_____亩，分成_____块，有承包土地__

_____亩。

2. 你家土地的地理位置是_____？

①河滩地　　②坡地　　　③平地

3. 您觉得您家土质适合种植猕猴桃吗？

①非常适合　　②比较适合　　③不适合

4. 您种植猕猴桃_____年，今年猕猴桃种植面积_____亩，在政府示范园的有_____亩。

5. 请填写表1

表1　猕猴桃种植户种植品种产量收入

品种	面积	商品果单价	产量	收入	去向	次品果单价	收入	去向

注：品种：秦美、海沃德、华优、哑特、翠香、徐香、红阳、黄金果；去向：采购商、冷库、中介。

6. 您是否准备更换猕猴桃品种？

①是　　　　　　②否

——如果是，是什么因素促使您产生这样的想法？（多选）

①价高　　　　　　　　②政府鼓励

③村里人都开始换品种　　④有龙头企业收购

⑤所在组织要求

——如果否，为什么不（想）更换品种呢？

①现在品种比较满意　　②种不了太长时间

③本地不太适合种植　　④种植投入大

7. 请填写表 2

表 2 种植猕猴桃的成本支出情况

支出类型	次数	总金额	支出类型	次数	总金额
农药			灌溉		
农家肥			花粉		
化肥			套袋		
有机肥			其他合计		

8. 参与猕猴桃种植的人数（包括雇用）_____，参与的天数_____。请填写表 3

表 3 种植猕猴桃劳动投入情况

种类	自家劳动人数	自家劳动天数	雇工人数	雇工天数
剪枝				
打捆				
绑枝				
授粉				
沾药				
套袋				
收果				
浇水				
施肥				

9. 建园投资成本_____元/亩。

10. 您家猕猴桃的生产是否需要专用设备投资？

①是　　　　　②否

——如果是，投资金额总计大约为_____元。

11. 随着猕猴桃种植规模的扩大，众多先进种植技术被应用到猕猴桃种植过程中来，以下技术中您家采用的有_____，知道而未采用的有_____，完全没听说的有_____

_____。

①人工授粉　　②配方施肥　　③定量挂果

④生物防治　　⑤果园生草　　⑥沼果结合

⑦科学修剪　　⑧水肥一体

三、猕猴桃质量认知

1. 您的猕猴桃有没有申请过下列认证呢？（多选）

①无公害农产品　　　　　　②绿色食品

③有机农产品　　　　　　　④农产品地理标志

⑤没有认证

通过认证的有_____

2. 和普通猕猴桃生产相比，您觉得生产认证产品有哪些好处？（多选）

①有技术指导　　　　　　　②销路好

③销售价格高　　　　　　　④有订单保障

⑤提供统一服务　　　　　　⑥没好处

3. 采购商对您家猕猴桃质量的评价如何？

①二级　　　　　②一级　　　　　③特级

4. 采购商对你家猕猴桃下述项目评价如何？

表4　采购商对猕猴桃质量的评价

特点	高	中	低
A. 果实形状	极个别不规则	较少不规则	较多不规则
B. 果实颜色	极个别颜色不正常	较少颜色不正常	较多颜色不正常
C. 是否有虫孔	基本没有	较少有	比较多
D. 是否有擦伤	基本没有	较少有	比较多
E. 果实重量	果重均匀	果重较均匀	果重不均匀
F. 果实硬度	基本没手感	较少有手感	较多有手感
G. 果实口感	非常好	比较好	一般
H. 农药残留	无残留	少量残留	较多残留

5. 请选出您认为最重要的 3 个因素_____（见表 4 第一列）。

6. 狝猴桃果实中干物质包括可溶性（糖和氨基酸）和不溶性固体（结构性碳水化合物和淀粉），您认为其含量为多少时是最好？

①15%　　　　　②15%～18%　③18%～22%

④22%　　　　　⑤没听过

7. 您家种植的狝猴桃重量大部分是_____。

①小于 80g　　②80～100g　　③100～120g

④120～150g　⑤150g 以上

8. 您认为提高狝猴桃质量安全水平的方法有_____？（多选）

①增加有机肥投入，保证果园肥力供给

②保持合理灌溉量，保证果园水分供给

③使用膨大剂等生物激素

④学习并采用新型生产技术

9. 您认为膨大剂等生物激素有哪些危害？

①对人体有害，但不明显

②对人体没有任何害处，只是果实口感变差

③对果树有损害，减少挂果年数

④对人体和果树都没有害处

10. 您减少膨大剂施用量了吗？

①有　　　　　　②没有

11. 您在狝猴桃生产过程中，有没有参加过质量安全控制方面的培训？

①没有　　　　　②有

——如果有，是谁组织的？

①乡政府　　　　②村委会　　　　③示范园等　　　④农资企业

12. 您在购买农药时是否了解所购农药对病虫害的防治效果？

①不了解　　　②了解

13. 您在购买农药时有没有人告诉您该买什么以及怎么用？

①有　　　　　　②没有

14. 您知道农药有休药期吗？

①知道　　　②不知道；

——如果一种农药说明书中要求间隔 20 天使用，您是怎么做的？

①没看过说明书　　　　　　②偶尔没按要求

③严格按要求

15. 您是否按农药使用说明使用药量？

①经常提高浓度　　　　　　②偶尔提高浓度

③严格按要求

16. 您使用过低毒高效低残留的农药吗？

①没有　　　　②有

17. 您使用的农药防治病虫害效果？

①不好　　　　②一般　　　③好

18. 您在购买农药时是否了解所购农药在果品上有没有残留？

①不了解　　　②了解

19. 您采摘猕猴桃和最后一次使用农药的间隔期是否按照说明执行？

①不是　　　②是

四、果农组织化程度

1. 当地是否有以下经济组织？（多选）

①龙头企业　　　　　　②猕猴桃生产专业合作社

③猕猴桃示范园　　　　④没有

2. 您是否参加了呢？

①已经参加（第 3~13 题）　　②没有参加（第 14 题）

③准备参加

3. 您加入上述组织的原因是？（多选）

①可以获得技术指导　　　　②提供农资价格较低

③不用担心农资质量　　　　④收购农产品

⑤提供生产资金支持　　　　⑥可以获得分红

⑦收购价格稳定　　　　　　⑧政府鼓励加入

4. 参加上述组织后您种植猕猴桃的行为发生了哪些变化？

①猕猴桃生产更规范　　　　②不用担心猕猴桃销售

③猕猴桃收入增加　　　　　④没变化

5. 上述组织是否解决了您的猕猴桃销售问题？

①是　　　　　　②否

6. 上述组织是否按照制定的标准收购猕猴桃？

①有　　　　　　②否

7. 加入上述组织后您的猕猴桃收入提高了吗？

①是　　　　　　②否

8. 上述组织对猕猴桃生产过程的农资使用有没有要求？

①有　　　　　　②没有

9. 您是否参加过上述组织举办的猕猴桃质量安全培训？

①是　　　　　　②否

10. 上述组织是否向您提供下列服务？

①推荐猕猴桃生产标准　　　②提供猕猴桃生产技术规范

③提供猕猴桃质量安全相关培训　④提供猕猴桃农资服务

⑤提供猕猴桃收购服务

11. 您认为上述组织的相关规定标准是否对保障猕猴桃质量安全具有作用？

①没有　　　②基本没有　　③一般

④不大　　　⑤明显促进

12 您是否愿意采纳上述组织提供的猕猴桃质量安全控制技术？

①是　　　　②否

13. 上述组织对猕猴桃施药次数有没有明确规定？

①有　　　　②没有

14. 如果您没有参加上述组织，请问原因是什么？

①只是形式　　②对方不吸纳　　③不愿意缴费

④猕猴桃不是家庭主要收入来源，浪费时间

⑤组织内部收购价格比较低

⑥自己有能力解决生产过程中的问题

⑦缺少企业或合作社可供选择

五、猕猴桃质量安全培训情况

1. 在种植猕猴桃的过程中，您面临的主要问题是什么？（多选）

①农药、化肥等农资不合格　　　　②生产成本过高

③猕猴桃产量不稳定　　　　　　　④猕猴桃病虫害问题

2. 在猕猴桃种植过程中，您有没有得到技术人员的田头指导？

①0 次　　　　②1～2 次　　　　③3～5 次

④6～10 次　　⑤10 次以上

3. 当地有没有关于猕猴桃质量安全的技术培训？

①没有　　　　②偶尔　　　　③较少

④较多　　　　⑤非常多

4. 您有没有参加过猕猴桃质量安全培训？

①有　　　　②没有

5. 您是否知道您参加的猕猴桃质量安全培训组织者？（多选）

①市县政府　　②乡镇政府

③村委会　　　④公司或者协会

⑤自费

6. 您愿不愿意学习猕猴桃生产技术？

①愿意　　　　②不愿意

7. 您认为您最需要的猕猴桃相关技术有哪些？

①猕猴桃病虫害防治技术　　②栽培技术

③生态型种植技术　　　　　④科学施肥技术

⑤节水技术　　　　　　　　⑥产品质量安全技术

六、政府的作用

1. 您种植猕猴桃过程中，有没有获得市县/乡镇政府资金补助？

①有　　　　　　②没有

2. 您觉得市县/乡镇政府应该在猕猴桃产业发展中发挥什么作用？（多选）

①资金补贴　　②政策制定　　③宣传教育

④信息发布　　⑤监督管理

3. 您觉得市县/乡镇政府对猕猴桃生产过程的监管是否严格？

①完全不严格　②不太严格　　③一般严格

④比较严格　　⑤非常严格

4. 您认为市县/乡镇政府出台的猕猴桃相关政策对于提高猕猴桃质量安全水平有没有作用？

①完全没作用　②作用不太大　③作用一般

④比较有作用　⑤作用非常大

5. 您认为市县/乡镇政府有没有在猕猴桃生产过程中发挥作用？

①没有作用　　　　　　②提高了猕猴桃安全水平

③可以提高猕猴桃品质　④对安全和品质都有作用

6. 您认为市县/乡镇政府是否重视猕猴桃产业发展？

①完全不重视　②不太重视　　③一般

④比较重视　　⑤非常重视

七、"周至（眉县）猕猴桃"区域公用品牌的认知行为

1. 你知道"周至（眉县）猕猴桃"区域公用品牌吗？

①根本不知道　　　　　　②知道，不太清楚

③知道，很清楚

——您是怎么了解到上述两方面信息的？

①广播电视　　　②报纸　　　③网络

④批发商或运销商　　　　　⑤人们的谈论

⑥熟人　　　　　⑦其他

2. 您觉得"周至（眉县）猕猴桃"的使用有意义吗？

①没什么意义　　　　　　②不一定

③有一定意义　　　　　　④非常有意义

——您认为这些意义表现在哪些方面？（多选）

①提高单价　　　②提高产量　　　③技术普及

④改善质量　　　⑤其他

3. 您担心假冒的周至（眉县）猕猴桃吗？

①根本不担心　　　　　　②不太担心

③有点担心　　　　　　　④非常担心

4. 您是否清楚周至（眉县）猕猴桃的认证标准？

①完全不清楚　　②不太清楚　　③一般

④比较清楚　　　⑤非常清楚

5. 您是否清楚周至（眉县）猕猴桃的生产规范标准？

①完全不清楚　　②不太清楚　　③一般

④比较清楚　　　⑤非常清楚

6. 您认为保障猕猴桃质量安全符合周至（眉县）猕猴桃的要求重要吗？

①完全不重要　　②不太重要　　③一般

④比较重要　　　⑤非常重要

7. 您有没有申请使用周至（眉县）猕猴桃品牌？

①有　　　　　②没有　　　③不需要申请

——您有没有获得使用周至（眉县）猕猴桃品牌的权利？

①有　　　　　②没有　　　　③不需要申请

8. 您为什么要申请使用猕猴桃区域公用品牌呢？

①获得更高收入　　　　　　②政府鼓励申请使用

③有专门机构收购猕猴桃　　④参加农业产业化组织的选择

9. 您觉得周至（眉县）猕猴桃品牌认证能够增加您的收入吗？

①能　　　　　②不能　　　　③不知道

10. 按周至（眉县）猕猴桃品牌标准生产会导致成本增加吗？

①会　　　　　②不会　　　　③不知道

八、村庄治理环境

1. 您愿意按照集体规范采取猕猴桃生产行为吗？

①不确定　　　②比较确定　　③肯定

2. 您觉得遵守集体规范采取猕猴桃生产行为重要吗？

①不确定　　　②比较确定　　③肯定

3. 您愿意克服困难遵守集体规范采取猕猴桃生产行为吗？

①不确定　　　②比较确定　　③肯定

4. 您认为村干部农户/中介农户会相信您按照集体规范采取猕猴桃生产行为吗？

①不确定　　　②比较确定　　③肯定

5. 您认为街坊四邻支持您按照集体规范采取猕猴桃生产行为吗？

①不确定　　　②比较确定　　③肯定

6. 您认为街坊四邻会按照集体规范采取猕猴桃生产行为吗？

①不确定　　　②比较确定　　③肯定

7. 如果您家在猕猴桃种植过程中，违规使用肥料、农药或者膨大剂，您认为村干部农户/中介农户是否会发现？

①是　　　　　②否

8. 如果您家在猕猴桃种植过程中，违规使用肥料、农药或者膨大剂，您认为街坊四邻是否会发现？

①是　　　　②否

9. 如果街坊四邻在猕猴桃种植过程中，违规使用肥料、农药或者膨大剂，您是否会发现？

①是　　　　②否

图书在版编目（CIP）数据

农户自主治理与农产品质量安全／程杰贤，郑少锋
著. -- 北京：社会科学文献出版社，2020.9
（中国"三农"问题前沿丛书）
ISBN 978 - 7 - 5201 - 7171 - 7

Ⅰ.①农… Ⅱ.①程…②郑… Ⅲ.①农产品 - 质量
管理 - 安全管理 - 研究 - 中国 Ⅳ.①F326.5

中国版本图书馆 CIP 数据核字（2020）第 157056 号

中国"三农"问题前沿丛书
农户自主治理与农产品质量安全

著　者／程杰贤　郑少锋

出 版 人／谢寿光
责任编辑／任晓霞
文稿编辑／王红平

出　　版／社会科学文献出版社·群学出版分社（010）59366453
　　　　　地址：北京市北三环中路甲 29 号院华龙大厦　邮编：100029
　　　　　网址：www. ssap. com. cn
发　　行／市场营销中心（010）59367081　59367083
印　　装／三河市尚艺印装有限公司

规　　格／开 本：787mm × 1092mm　1/16
　　　　　印 张：13.25　字 数：172 千字
版　　次／2020 年 9 月第 1 版　2020 年 9 月第 1 次印刷
书　　号／ISBN 978 - 7 - 5201 - 7171 - 7
定　　价／95.00 元